Tim van Wasen

Virtualisierung von Desktops versus Terminalserver: Technische und ökonomische Gegenüberstellung

Diplomica® Verlag GmbH

van Wasen, Tim: Virtualisierung von Desktops versus Terminalserver: Technische und ökonomische Gegenüberstellung, Hamburg, Diplomica Verlag GmbH 2010

ISBN: 978-3-8366-9459-9
Druck: Diplomica® Verlag GmbH, Hamburg, 2010

Bibliografische Information der Deutschen Nationalbibliothek:
Die Deutsche Nationalbibliothek verzeichnet diese Publikation in der Deutschen Nationalbibliografie; detaillierte bibliografische Daten sind im Internet über http://dnb.d-nb.de abrufbar.

Die digitale Ausgabe (eBook-Ausgabe) dieses Titels trägt die ISBN 978-3-8366-4459-4 und kann über den Handel oder den Verlag bezogen werden.

MIX
Papier aus verantwortungsvollen Quellen
Paper from responsible sources
FSC® C105338

INHALTSVERZEICHNIS

Abbildungsverzeichnis

Tabellenverzeichnis

Abkürzungsverzeichnis

A	Anschaffungswert
AA	Anschaffungsauszahlungen
AD	Active Directory
API	Application Programming Interface
AT	Allgemeiner Teil
BaFin	Bundesanstalt für Finanzdienstleistungsaufsicht
Basel II	Banken- und Kapitaladäquanzrichtlinie
BDGS	Bundesdatenschutzgesetz
BS	Betriebssystem
BSI	Bundesamt für Sicherheit in der Informationstechnik
CAL	Client Access License
CP	Control Program
CPU	Central Processing Unit
DDC	Desktop Delivery Controller
DHCP	Dynamic Host Configuration Protocol
DNS	Domain Name System
Dom	Domain
GB	Gigabyte
GDI	Graphic Device Interface
GF	Gewichtungsfaktor
GN	Gesamtnutzen

GoBS	Grundsätze ordnungsgemäßer datenverarbeitungsgestützter Buchführungs-systeme
HAL	Hardware Abstraction Layer
HBA	Host Bus Adapter
HE	Höheneinheit
HGB	Handelsgesetzbuch
HW	Hardware
i	Zinssatz
IBM	International Business Machines Corporation
ICA	Independent Computing Architecture
ID	Identifier
IEC	International Electrotechnical Commission
IHV	Independent Hardware Vendor
IMA	Independent Management Architecture
Inc.	Incorporation
I/O	Eingabe/Ausgabe
IPC	Interprocess Communication Manager
IP	Internet Protocol
IPX/SPX	Internetwork Packet Exchange/ Sequenced Packet Exchange
ISO	International Organization for Standardization
IT	Informationstechnologie
IuK	Informations- und Kommunikationstechnologie
JVM	Java Virtual Machine

kalk.	kalkulatorisch
KWG	Gesetz über das Kreditwesen
L	Liquidationserlös
LAN	Local Area Network
LHC	Local Host Cache
MaRisk	Mindestanforderungen an das Risikomanagement
MB	Megabyte
MDV	Microsoft Desktop Virtualization
MRDS	Microsoft Remote Desktop Services
MS	Microsoft
NT	New Technology
NWA	Nutzwertanalyse
OS	Operating System
PC	Personalcomputer
PnP	Plug and Play
RAM	Read All Memory
RD	Remote Desktop
RDCB	Remote Desktop Connection Broker
RDP	Remote Desktop Protocol
RDS	Remote Desktop Service
RDVH	Remote Desktop Virtualization Host
RZ	Rechenzentrum
SA	Software Assurance

SAN	Storage Area Network
SCVMM	System Center Virtual Machine Manager
TB	Terabyte
TCO	Total Cost of Ownership
TCP	Trans Communication Protocol
TKG	Telekommunikationsgesetz
TMG	Telemediengesetz
TN	Teilnutzen
VDA	Virtual Desktop Agent
VECD	Virtual Enterprise Centralized Desktop
VHD	Virtual Host Disc
VM	Virtual Machine
VMM	Virtual Machine Manager
VMMS	Virtual Machine Management Service
VMWP	Virtual Machine Worker Process
VPC	Virtual PC
VSC	Virtual Service Client
VSP	Virtual Service Provider
WAN	Wide Area Network
WS2008R2	Windows Server 2008 R2
XML	eXtensible Markup Language
XP	eXPerience
ZW	Zielwert

1 Einleitung

Virtualisierung hat sich über die letzten Jahrzehnte zu einem der angesagtesten Themen der modernen Informationstechnologie (IT) entwickelt. Dies zeigt sich nicht zuletzt in der Einbindung des Themas Virtualisierung in den Hype Cycle Report 2009 des Marktforschungsinstitutes Gartner. Virtualisierung wird darin zum Trend erklärt, insbesondere der x86 basierten Virtualisierung wird eine Etablierung auf dem Markt in weniger als zwei Jahren vorausgesagt (vgl. HÄUSSLER, 2009a).

Ausschlaggebend hierfür ist, dass es unterschiedliche Arten der Virtualisierung gibt, welche nahezu alle Bereiche der modernen Informations- und Kommunikationstechnologie (IuK) abdecken. Hierzu zählen z.B. die Betriebssystem- und Präsentationsvirtualisierung.

„Virtualisierung ist nicht einfach eine Technologie, sondern eine Vielzahl von Technologien, die sich unterschiedlich schnell entwickeln" sagt Thomas Bittman, Vice President bei Gartner (vgl. HÄUSSLER, 2009a).

In der Literatur wurden bereits hinlänglich die Vorteile der Virtualisierung in Bezug auf die klassische Client/Server Architektur herausgearbeitet. Über Jahre hinweg war die Präsentationsvirtualisierung in Form der Terminal Services ein Ansatz für Einsparpotenziale und gängiger Standard für Unternehmen.

Dieses Buch möchte da ansetzen, wo andere aufhören. Neben den Grundlagen der Virtualisierung in den Ausprägungen der Betriebssystem- und Präsentationsvirtualisierung mit ihren jeweiligen technischen Besonderheiten wird ein Überblick der hierzu am Markt verfügbaren Produkte gegeben. Hierbei liegt der Fokus auf den Lösungen von Microsoft, VMware und Citrix. Darüber hinausgehend werden an einem theoretischen Beispiel zwei Lösungen der Firma Microsoft, nämlich Microsoft Desktop Virtualization und Microsoft Remote Desktop Services, einem technischen und ökonomischen Vergleich unterzogen. Eingesetzte Instrumente sind eine in Anlehnung an Gartner modifizierte Berechnung der Total Cost of Ownership sowie eine anschließende Nutzwertanalyse, anhand derer eine kritische Würdigung der Technologieformen vorgenommen wird. Abschließend erfolgt ein Ausblick auf zukünftige Trends und Möglichkeiten.

2 Grundlagen

Neben der historischen Entwicklung der Virtualisierung werden in diesem Kapitel grundlegende Fachbegriffe erläutert und abgegrenzt. Darüber hinaus werden die Motive für den Einsatz von Virtualisierung analysiert und aufgeschlüsselt. Aus den verschiedenen Technologien werden die wissenschaftlichen Grundlagen der x86 basierten Virtualisierung und die Besonderheiten der Betriebssystem- und Präsentationsvirtualisierung herausgearbeitet. Abschließend werden die rechtlichen Rahmenbedingungen abgesteckt und der Sicherheitsaspekt beleuchtet.

2.1 Geschichte der Virtualisierung

Die Idee der Virtualisierung hat ihren Ursprung in der Anfangsphase der Großrechner. In den 1950er Jahren wurden diese auf Röhrentechnologie basierenden Großrechner üblicherweise zur Durchführung von Rechenoperationen und Simulationen eingesetzt. Ihre Aufgaben waren vorzugsweise im wissenschaftlichen Bereich zu sehen. Der Ansatz zur Virtualisierung ergab sich aus der Problemstellung, dass Ein- und Ausgabeanforderungen bei Großrechnern viel Zeit in Anspruch nahmen. Bei dieser Stapelverarbeitung (batch processing) wurden auf Lochkarten eingestanzte Informationen, z.B. der Programmiersprache FORTRAN, mittels Lesegerät verarbeitet und auf ein Magnetband abgespeichert. Dieses Magnetband wurde nachfolgend vom Großrechner im Sinne der Fragestellung verarbeitet, die Ergebnisausgabe erfolgte auf ein neues Magnetband, welches über ein weiteres Lesegerät an ein Ausgabegerät übermittelt wurde. Während des gesamten Verarbeitungsprozesses, der üblicherweise mehrere Stunden in Anspruch nahm, wurde die wertvolle Central Processing Unit (CPU) Leistung des Rechners nur sporadisch genutzt (vgl. HEROLD, 2003, S. 23). Großrechner hatten zu diesem Zeitpunkt die Ausmaße von Wohnzimmern, ihre Anschaffungspreise waren für Firmen teils unerschwinglich, üblicherweise wurde daher Rechenzeit an einem Großrechner angemietet. Da auch diese Arbeitszeit sehr teuer war und dementsprechend sinnvoll ausgenutzt werden sollte, wurden Konzepte zum Aufteilen der CPU Zeit entwickelt.

Der Informatikprofessor Christopher Strachey veröffentlichte 1959 die Abhandlung „Time Sharing in Large Fast Computers“ und begründete in dieser die moderne Idee der Virtualisierung. Hierbei verwendete er den Terminus Time Sharing, welcher zu diesem Zeitpunkt die Aufteilung der Rechnerzeit auf mehrere Programme und/oder Anwender bezeichnete (vgl. FISCHER, 2009, S. 53).

Die Aufteilung des Hauptspeichers in mehrere Teilbereiche im Rahmen des Mitte der 1960er Jahre eingeführten Multiprogrammings ermöglichte das parallele Einlesen mehrerer Magnetbänder und somit eine höhere Auslastung der nun auch virtuell nutzbaren CPU (vgl. FISCHER, 2009 S. 54).

Der erste Großrechner, der diese beiden Komponenten vereinte, war der 1962 an der Universität von Manchester entstandene ATLAS-Rechner. Darüber hinaus wurde mit ihm eine Aufteilung in Prozessoren des Betriebssystems (Supervisoren) und Prozessoren für ausführende Programme vollzogen, der Grundgedanke des heutigen Hypervisors war entstanden. Zudem enthielt der ATLAS-Rechner weitere für die damalige Zeit bahnbrechende technische Neuerungen, welche ihn zum schnellsten Rechner seiner Zeit werden ließen (vgl. BUYTAERT u.a., 2007, S. 3).

Die Firma IBM (International Business Machines Corporation) entwickelte als Gegenkonzept zum damals übermächtigen ATLAS eigene Großrechner und führte nach langen Forschungsreihen zum Thema Time Sharing 1963 im Projekt M44/44X den Begriff der virtuellen Maschinen ein. Hierbei wurden durch logische Aufteilungen auf dem Rechnersystem IBM 7044 (Hauptrechner M44) mehrere virtuelle Maschinen (M44X) lauffähig gemacht. Anfang der 1960er Jahre wurde das Mehrbenutzersystem Compatible Time Sharing System am Massachusetts Institute of Technology entwickelt und auf den IBM 7094 Großrechnern implementiert. Hierdurch war man zum ersten Mal in der Lage identische Stapelbetriebssysteme wie das FORTRAN Monitor System sowohl direkt als auch virtuell auf den Großrechnern laufen zu lassen.

Mit einem Entwicklungsaufwand von ca. 5 Milliarden Dollar und dem Einsatz von 50.000 IBM Mitarbeitern wurde 1964 das IBM System/360 (S/360) angekündigt. Diese neue Hardwareplattform unterstützte erstmalig mit dem 1967 erschienenen Betriebssystem Operating System (OS)/360 die Emulation älterer Hardwareplattformen. Somit konnten sich im Einsatz befindliche ältere Programme problemlos auf die neue IBM Plattform migriert werden. Erst mit der Einführung des Nachfolgers IBM System/370 im Jahre 1970 war man in der Lage diese virtuellen Maschinen und Programme parallel laufen zu lassen und dies auch zu erschwinglichen Preisen am Markt anzubieten (vgl. KOLACKI und DRIEGER, 1991, S. 5). Die Virtualisierung einzelner Betriebssysteme wurde von nun an Virtual Machine (VM) und im speziellen Fall VM/370 genannt. Das Control Program (CP) wurde mit der Ankündigung der OS/360 Serie entwickelt. Es wurde auf die Hardware installiert und konnte die virtuell simultan laufenden Maschinen zur Verfügung stellen. Der Projektname hierfür war CP-40 (vgl. PARZIALE u.a., 2007, S. 62), dieser stellt bis heute den Hypervisor für die Virtualisierung auf IBM Hardware dar. Noch heute bezeichnet die Firma IBM ihre Großrechnervirtualisierung mit VM (aktuell z/VM). Das durch den Finnen Linus Torvald 1991 entwickelte Betriebssystem Linux wurde im Jahr 2000 zur Virtualisierungsplattform auf IBM Großrechnern mit der „Linux for zSeries".

Es war wiederum die Firma IBM, die Anfang der 1980er Jahre mit ihrem auf Intel x86 Prozessoren basierenden IBM Personalcomputer (PC) eine neue Ära im Computerzeitalter einläuteten. Zunächst noch unter der Bezeichnung Mikrocomputer (in Abgrenzung zu den bisher üblichen Großrechnern) fanden die ersten Modelle des PCs ihren Platz im Consumer und Business Bereich. Die niedrigeren Anschaffungs- und Wartungskosten sowie die Entwicklung verschiedener Betriebssysteme (BS) wie Microsoft (MS) Windows und Linux begünstigten den Beginn des Zeitalters von Client/Server Architekturen. Aufgrund nicht standardisierter Hard- und Software kam es jedoch häufig zu Kompatibilitätsproblemen der Systeme und Programme untereinander. Deshalb installierte man oftmals nur eine Anwendung pro Server, welche diesen bei weitem nicht auslastete und zu einer Vielzahl der verwendeten Hardware (HW) führte. Hieraus resultierte das bereits aus der Großrechnerzeit bekannte Problem, dass Serverressourcen nur zu einem Bruchteil von den darauf laufenden Betriebssystemen und Anwendungen genutzt wurden. Im Gegensatz zu den Großrechnern genügte die Architektur der x86 Prozessoren auch nicht den gängigen Virtualisierungsanforderungen nach Goldberg und Popek (vgl. GOLDBERG und POPEK, 1974, S. 413), wodurch ihre Virtualisierung lange Zeit unmöglich schien.

Erst 1999 gelang es der Firma VMware Incorporation (Inc.) die erste Vollvirtualisierung auf einem x86 basierenden System zu realisieren. Das Produkt wurde unter dem Namen VMware Workstation auf den Markt gebracht. 2001 wurde an der Universität Cambridge das Projekt XenoServer gegründet, aus welchem 2003 die Lösung Xen entstand. Die Implementierung von virtualisierungsspezifischen Befehlen in die Prozessoren (Intel VT, AMD-V) führte letztlich zum Durchbruch der Betriebssystemvirtualisierung auf x86 Systemen wie wir sie heute kennen. Bis zum Jahr 2006 sprechen einige Autoren auch vom Zeitalter der klassischen Virtualisierung und sehen den Wendepunkt hin zum heutigen modernen Virtualisierungskonzept in der Portierung der Technologie in die Prozessoren.

Die immer aufwändigere Administration von Client/Server Umgebungen führte zu einer anderen Form der Virtualisierung, nämlich der Präsentationsvirtualisierung, auch Terminalservertechnologie genannt. Anfang der 1990er Jahre erschien das erste wirkliche 32-Bit Server Betriebssystem Windows New Technology (NT) 3.51 von Microsoft. Zu diesem Zeitpunkt war Microsoft nicht selbst daran interessiert eine Multiuser Variante dieses Betriebssystems zu entwickeln. Auf Basis einer Quellcodelizenz von Microsoft entwickelte das noch junge Unternehmen Citrix 1994 eine mehrbenutzerfähige Version von Windows NT 3.51 Server. Die Bereitstellung einer virtuellen Präsentationsschicht sowie die Kapselung der benutzerspezifischen Prozesse führten dazu, dass mehrere Benutzer auf dem gleichen Server mit den gleichen Programmen arbeiten konnten. Citrix veröffentlichte dieses Produkt unter dem Namen WinFrame (vgl. DREYER, 2002, S. 27). Microsoft implementierte diese Technologie schließlich im Jahr 1998 in der Version Windows NT 4.0 Terminalserver Edition als Lizenz von Citrix unter dem Codenamen Hydra. Hierbei nutzten sie das Remote Desktop Protocol (RDP) und nicht das Citrix zugehörige Independent Computing Architecture (ICA) Protokoll. Seitdem gehören die Terminal Services zum Standard Funktionsumfang von Microsoft Betriebssystemen. Die vormals zwei Versionen von Windows NT 4.0, Server und Terminalserver Edition, wurden erstmals mit Windows Server 2000 zu einer Version vereint. Mit Windows Server 2008 wurde die Funktionalität von Terminal Services in Microsoft Remote Desktop Services umbenannt.

2.2 Begriffseingrenzung

Eine einheitliche Definition des Terminus Virtualisierung konnte sich aufgrund der Vielzahl von Anwendungsbeispielen und Einsatzformen in der Wissenschaft bislang nicht durchsetzen. Dem Wortursprung nach von französisch „virtuel" wird es u.a. mit „nicht in der Wirklichkeit vorhanden, aber echt erscheinend" (vgl. DUDEN, 2003) übersetzt. SCHNEIDER und WERNER (2007, S. 295) definieren Virtualisierung wie folgt: „Unter Virtualisierung versteht man Methoden zur Abstraktion, die es erlauben, dem Benutzer scheinbar vorhandene Ressourcen so verfügbar zu machen, als wären sie real vorhanden."

Eine virtuelle Maschine ist dementsprechend eine vorgetäuschte Maschine oder Umgebung, die in einer isolierten Infrastruktur auf einem physisch vorhandenen Rechner läuft. Hierbei wird oftmals für die VM die Bezeichnung Gast und für Hardware der Ausdruck Host oder Wirt verwendet (vgl. AHNERT, 2009, S. 38). Als Server wird ein Diensterbringer verstanden, der Aufträge von Clients (Endgeräten) annimmt, bearbeitet und zurücksendet (vgl.

SCHNEIDER und WERNER, 2007, S. 407). Diese Begriffe nehmen jeweils technologieabhängige Ausprägungsgrade an, die in den entsprechenden Kapiteln näher erläutert werden.

Durch Virtualisierung besteht die Möglichkeit, starre Verbindungen aufzubrechen und physische oder logische Ressourcen zusammenzufassen oder aufzuteilen (vgl. RADONIC und MEYER, 2006, S. 50). Hierdurch wird ein simultaner unabhängiger Betrieb mehrerer Systeme oder Benutzer auf einem Host ermöglicht. Entkoppelt man hierbei die physische Hardware vom Betriebssystem (vgl. CHAPPELL, 2008, S. 3), so spricht man von Betriebssystemvirtualisierung. Wird das Betriebssystem eines Servers virtualisiert, so spricht man von Servervirtualisierung, wohingegen die Virtualisierung eines Client-Betriebssystems die Desktopvirtualisierung darstellt. Bei der Präsentationsvirtualisierung wird das Ausführen von Betriebssystemen und Anwendungen von der Anzeige getrennt.

Virtualisierung macht Strukturen flexibler und effizienter, Ressourcen können besser genutzt werden. Während die klassische Virtualisierung sich auf Elemente der Servervirtualisierung konzentriert hat, werden heutzutage Virtualisierungstechniken in allen Bereichen moderner IuK eingesetzt, z.B. in Form von Netzwerk- oder Speichervirtualisierung (vgl. RUNGE, 2009, S. 91).

Jede der einzelnen Virtualisierungsarten hat ihre spezifischen Vorteile und Einsatzzwecke, die Betriebssystemvirtualisierung (Server- und Desktopvirtualisierung) sowie die Präsentationsvirtualisierung (Terminalserver) sind hierunter sicherlich die Bekanntesten.

Fälschlicherweise wird die Emulation oft auch als Virtualisierungsform verstanden, jedoch soll hier eine klare Abgrenzung erfolgen. 1967 entwickelte der IBM Ingenieur Larry Moss eine Technik, die eine Nutzung von älteren Betriebssystemen auf der neuen IBM Technik ermöglichte. Eingaben in das alte Betriebssystem konnten bei Inkompatibilität abgefangen und in die Sprache des neuen Betriebssystems übersetzt werden. So wurde für den User quasi das alte Betriebssystem nachgeahmt, abstammend vom lateinischen Verb „aemulari“ (nacheifern, nachahmen) wurde diese Technik als Emulation bezeichnet werden (vgl. FISCHER, 2009, S. 66f.). Heutzutage kann eine Emulation ein vollständiges System auch unterschiedlicher Architekturen auf dem Host bereitstellen. So kann z.B. eine Terminal Emulation das exakte Verhalten eines Terminals für Großrechner nachahmen. Dies ermöglicht ein hohes Maß an Flexibilität, jedoch muss jede Anfrage der innerhalb der Emulation dargestellten Umgebung mit Hilfe des Emulators für den darunterliegenden Host übersetzt werden, wodurch das emulierte System stark verlangsamt wird. Die gängigste

Einsatzform ist vornehmlich die Bereitstellung nicht mehr existenter Hardware, deren Software aber noch weiter benötigt wird. Im Gegensatz zur Virtualisierung benutzt die Emulation weder teilweise noch komplett direkt die Hardwareressourcen des Hosts.

2.3 Motive für den Einsatz von Virtualisierung

Die Beweggründe für den Einsatz von Virtualisierungstechniken sind vielfältig (vgl. RUNGE, 2009, S. 52), eine Gruppierung der Motive kann anhand von verschieden Merkmalen erfolgen. Während einige Autoren eine Einteilung in Anlehnung an die technischen Gegebenheiten wählen, bevorzugen insbesondere die Verfasser produktbezogener Literatur die Anordnung der Motive nach monetären und nichtmonetären Aspekten unter Anpreisung der produktspezifischen Vorzüge. Vielfach wird lediglich eine Aufzählung ohne Eingruppierung vorgenommen.

In diesem Buch wurden die Motive analysiert und im Sinne eines bottom-up Designs in einen Ordnungsrahmen eingefügt. Ausgangspunkt ist die Überlegung, ein gemeinsames Hauptmotiv herauszuarbeiten. Wie bereits in den 1960er Jahren, so wird auch heute die Einsparung von Kosten als Hauptaugenmerk bei der Einführung von Virtualisierung gesehen (vgl. BUHL, 2009, S. 157). Ausgehend von dieser Basis wurden die Motive, die zur Kostenersparnis führen, weiter aufgeschlüsselt und den Oberkategorien Ressourcenoptimierung, Hardwareunabhängigkeit und Sicherheit zugeordnet. Diese Einteilung erhebt keinen Anspruch auf Vollständigkeit, ebenso gibt es Berührungspunkte und Überschneidungen der Kategorien untereinander.

Abbildung 1 zeigt die Motive für den Einsatz von Virtualisierungstechnologien nach ihrer Zugehörigkeit.

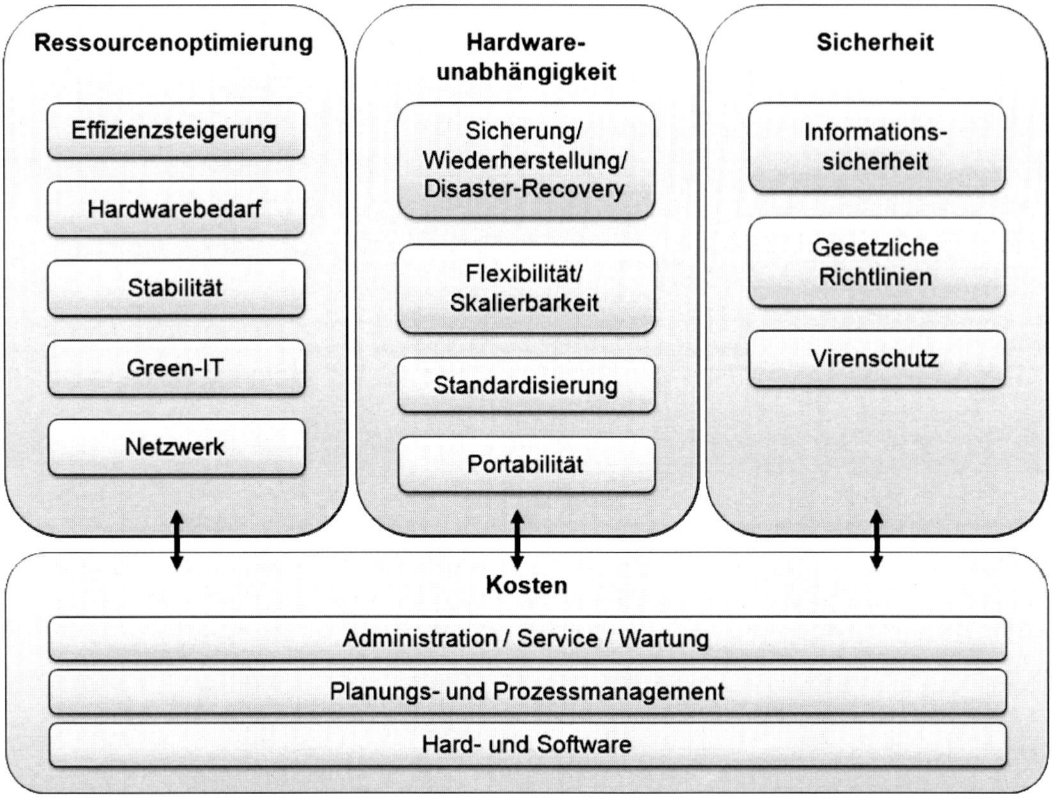

Abbildung 1: Motive für den Einsatz von Virtualisierung

Quelle: eigene Darstellung

Durch die Virtualisierung mehrerer Betriebssysteme auf einem physischen Server werden sowohl Anschaffungskosten als auch Stromverbrauch und Platzbedarf je bereitgestellter virtueller Einheit minimiert. Eine geringere Anzahl an physischen Systemen erfordert beispielsweise auch weniger Aufwand für die Kühlung, was sich sofort in niedrigeren Stromkosten ausdrückt (vgl. RUNGE u.a., 2008, S. 87). Die Konsolidierung von Serverfunktionalitäten auf weniger Hardware erhöht darüber hinaus die Effizienz bzw. die Auslastung der eingesetzten Systeme. Sofern auch Benutzerarbeitsplätze mittels Betriebssystem- oder Präsentationsvirtualisierung zur Verfügung gestellt werden, können die heute noch benötigten oder vorhandenen PCs durch Thin Clients ersetzt werden. Durch das Fehlen von beweglichen Teilen sowie das Vorhandensein einer zu diesem Zweck minimalistischen Hard- und Softwarearchitektur benötigen Thin Clients im optimalen Fall weniger als 5 Watt im täglichen Betriebszustand. Im Vergleich hierzu liegen herkömmliche

PCs bei ungefähr 40 bis 65 Watt Leistungsaufnahme. Alle genannten Aspekte entsprechen hierbei den Grundzügen der Green-IT, insbesondere der Reduktion des CO^2 Ausstoßes.

Die Notwendigkeit mehrere Versionen einer Anwendung im Unternehmen verfügbar zu machen würde ohne Virtualisierungstechniken eine Isolation der Versionen auf unterschiedlicher Hardware bedeuten. Die Anwendungsvirtualisierung hingegen ermöglicht die Lauffähigkeit unterschiedlichster Softwareversionen auf einem einzigen System. Auch hierbei werden die o.g. Kosten für zusätzliche Hardware eingespart. Die Virtualisierung von Betriebssystemen und Anwendungen erhöht durch Standardisierung und Isolation die Stabilität der Systeme und führt zur Zeitersparnis durch ausbleibende Neuinstallationen.

Durch die genutzten Kommunikationsprotokolle und deren Komprimierungsmöglichkeiten ergeben sich Optimierungsmöglichkeiten im Bereich der benötigten Netzwerkleistung.

Das vereinfachte Sichern und Wiederherstellen von virtualisierten PCs, Servern oder Anwendungen wird der Hardwareunabhängigkeit zugeordnet. Da virtualisierte Systeme nur noch in einer physischen Datei gespeichert werden, ist das Sichern und Zurückspielen solcher Systeme extrem vereinfacht. Fällt z.B. ein Server (Host) aus, so muss lediglich ein neuer Server mit dem genutzten Hypervisor installiert und die gesicherten virtuellen Festplatten zurückgespielt werden. Die Standardisierung der Hardware ermöglicht die einfache Portierung einer virtuellen Maschine von einem Host auf den anderen. Sofern die virtuellen Festplatten auf zentralen Speichern, wie z.B. Storage Area Networks (SANs), hochverfügbar gemacht werden, erlauben Technologien wie LiveMotion von VMware sogar das automatische Verschieben eines Servers beim Ausfall eines physischen Hosts. Dies kann selbstverständlich auch manuell erfolgen, wenn die Last auf einem System zu groß geworden ist und eine neuer Host zur Verfügung steht, können virtuelle Server online, also im laufenden Betrieb, von einem Host zum anderen verschoben werden, ohne dass der Anwender hiervon etwas bemerkt (vgl. PICHT, 2009, S. 7). Diese Funktionalität erhöht die Flexibilität der IT-Abteilung, die somit auf dynamisch wachsende Anforderungen schneller reagieren kann. Die Skalierbarkeit des Systems steht hierbei im Vordergrund. Durch die einfache Definition von Wiederherstellungspunkten (Snapshots) können selbst in produktiven Umgebungen Anwendungen oder Updates ohne Risiko installiert und getestet werden, da per Knopfdruck der Zustand vor dem Einspielen wiederhergestellt werden kann (vgl. AHNERT, 2009, S. 27).

Neben der Ressourcenoptimierung und Hardwareunabhängigkeit ist die Steigerung des Sicherheitsstandards im Unternehmen eines der Hauptmotive zur Virtualisierung. Der

Sicherheitsaspekt teilt sich zwischen physischer und logischer Sicherheit auf. Durch die zentrale Bereitstellung von Betriebssystem und Anwendungen und durch den Austausch von PCs gegen Thin Clients werden auf dem Endgerät keine lokalen Daten mehr vorgehalten. Dies erschwert den unbemerkten physischen Datenklau, z.B. durch angeschlossene Wechseldatenträger. Durch den zentralistischen Ansatz können erstmals Sicherungsmechanismen für komplette Clientsysteme zu moderaten Kosten implementiert werden und auf Wunsch in kürzester Zeit auch wiederhergestellt werden. Das einfache und zentrale Update von Antivirenprogrammen oder das Einspielen von Sicherheitsupdates zum Schutz vor bösartiger Software erhöht den benötigten Sicherheitsstandard von Unternehmen und vereinfacht die Erfüllung gesetzlichen Vorschrift in Bezug auf die IuK.

2.4 Virtualisierung auf x86 Architektur

Die x86 basierte Virtualisierung ist Grundlage für beide in diesem Buch behandelten Technologien. Nachfolgend werden, ausgehend vom generellen Aufbau eines Windows-Betriebssystems, die Probleme und Anforderungen an die Virtualiserung auf x86 Architektur erläutert.

2.4.1 Betriebssystemarchitektur

Nach Gabler wird ein Betriebssystem als ein „Sammelbegriff für Programme (Systemprogramme), die den Betrieb eines Computers erst möglich machen" (GABLER WIRTSCHAFTSLEXIKON, 2009a) bezeichnet.

Diese verwalten Betriebsmittel, Benutzeraufträge und Datenbestände, wobei die Betriebsmittel noch in Prozessor-, Speicher- und Geräteverwaltung aufgeteilt werden (vgl. STAHLKNECHT und HASENKAMP, 2005, S. 73). Diese Aufgaben stellen die Basisfunktionalitäten des Betriebssystems dar.

Für die Veranschaulichung der Betriebssystemarchitektur wird aufgrund des hierarchischen Aufbaus ein Schichtenmodell verwendet. Zur Beschreibung dient ein vereinfachtes Windows Betriebssystem.

Die Betriebssystembestandteile werden in zwei Modi unterteilt, zum einen den privilegierten Kernel-Modus (Kernel-Mode), zum anderen den Anwender- oder Benutzer-Modus (User-

Mode). Diese Aufteilung erklärt sich durch die Adaption des x86 Prozessorprioritätsniveaus der CPU.

Die im Kernel-Modus laufenden Prozesse müssen uneingeschränkten Zugriff auf die Ressourcen des Computers haben, damit sie die oben beschriebenen Basisfunktionalitäten zur Verfügung stellen können. Die unterste Schicht stellt der Hardware Abstraction Layer (HAL) dar, welcher direkt auf der Hardware liegt und diese für den Rest des Betriebssystems generalisiert. Dies ermöglicht durch Austausch des HAL sowohl die Portierung des Betriebssystems auf eine andere Architektur als auch die einfache Programmierung von plattformunabhängigen Treibern (vgl. BRAUSE, 2003, S. 13).

Oberhalb des HAL setzt der Kernel, bei Microsoft auch Mikro-Kernel genannt, auf. Seine Aufgaben liegen in der Interruptbearbeitung, der Abhandlung von Exceptions (Ausnahmen), der Festlegung des Laufzeitverhaltens von Threads (Unterprozessen), der Aufteilung der Prozessorzeit durch den Scheduler, der Synchronisation von Prozessen sowie der Bereitstellung von Schnittstellen (vgl. TRITSCH, 2003, S. 14).

Die auf gleicher Ebene operierenden Kernel-Modus Treiber sind digital signiert und für den Zugriff auf die darunterliegende Hardware zuständig. Durch die Ausführung im privilegierten Modus des CPU ist bei der Programmierung dieser Treiber Vorsicht geboten, da ein Fehler das gesamte System zum Abstürzen bringen kann.

Der Objekt-Manager verwaltet die Ressourcen der Bestandteile des Kernel-Modus. Er sorgt unter anderem dafür, dass es keine Konfliktzugriffe zwischen den Objekten gibt. Zu den Objekten des Kernel-Modus zählen Eingabe/Ausgabe (I/O) Manager, Dateisystem-Manager, Sicherheits-Monitor, Interprocess Communication Manager (IPC)-Manager, Virtueller Speicher-Manager, Prozess-Manager, Plug and Play (PnP)-Manager, Energie-Verwaltung, Window-Manager und Graphic Device Interface (GDI).

Die Ausführungsschicht (Execution Layer) ist als oberste Schicht des Kernel-Modus das Bindeglied zum Benutzer-Modus. Alle Anfragen aus Subsystemen des Benutzer-Modus werden über diese Schicht an die Ressourcen des Kernel-Modus gesteuert und weitergeleitet

Der Benutzer-Modus umfasst zwei Teile, die Betriebssystemsubsysteme und alle Prozesse von Anwendungen, die durch den Benutzer gestartet werden. Beide Teile haben durch ihre Ausführung im nicht privilegierten CPU Bereich keine Möglichkeit, direkt auf die Hardware zuzugreifen (vgl. GROTEGUT, 2008, S. 4-8).

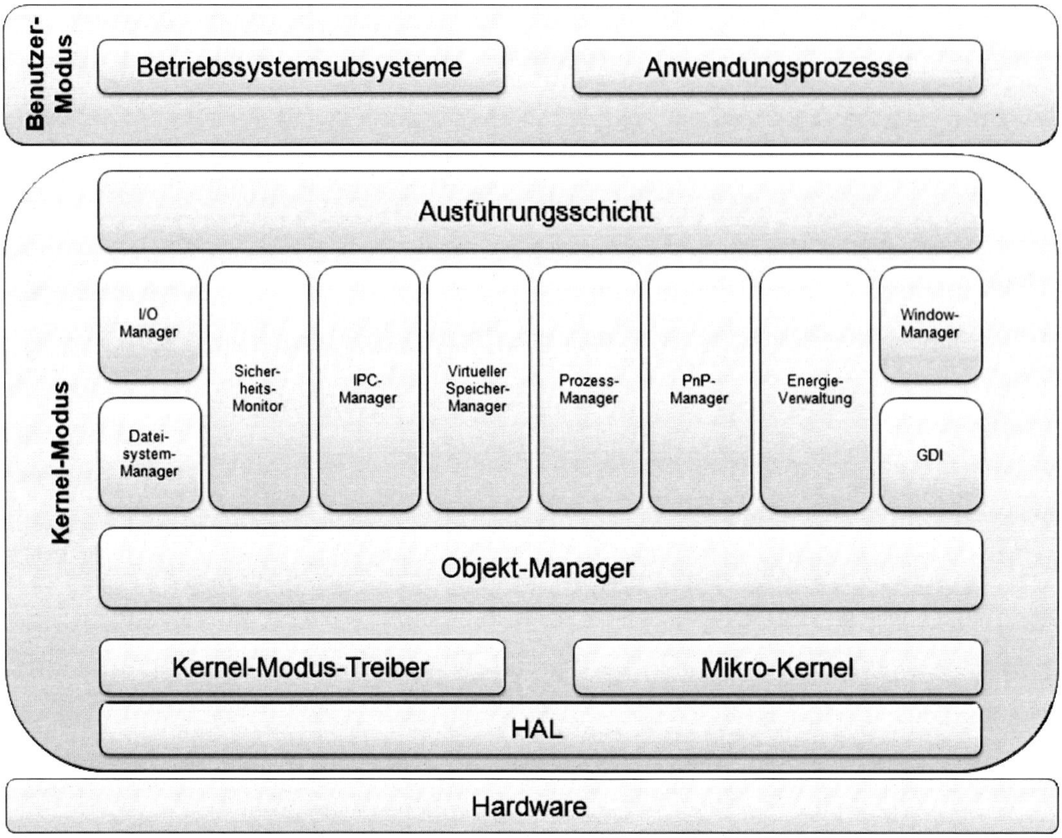

Abbildung 2: Systemarchitektur Microsoft Vista

Quelle: vgl. GROTEGUT, 2008, S. 3

2.4.2 Anforderungen und Probleme

Die von Goldberg und Popek 1974 aufgestellten Forderungen an eine Virtualisierungsumgebung gelten heute immer noch. Folgende drei Anforderungen müssen erfüllt sein:

- **Gleichwertigkeit/Äquivalenz**

Egal, ob ein Programm in einer virtuellen oder auf einer physischen Maschine ausgeführt wird, muss das Ergebnis identisch sein.

- **Ressourcenkontrolle**

Jeder Zugriff auf die physikalischen Ressourcen der Maschine muss durch den Virtual Machine Manager (Erläuterung hierzu in Punkt 2.5.1) kontrollierbar sein.

- **Effizienz**

Zur Erreichung einer höchstmöglichen Effizienz ist es erforderlich, dass die virtuelle Maschine so viele Instruktionen wie möglich ohne Beteiligung des Virtual Machine Managers machen kann. Dieses Kriterium grenzt die Virtualisierung von der Emulation ab, da hierbei jede einzelne Instruktion durch den Virtual Machine Manager verarbeitet werden muss (vgl. GOLDBERG und POPEK, 1974, S. 413).

Die Bereitstellung einer virtuellen Infrastruktur, welche sich auf verschiedene Komponenten von Hard- und/oder Software beziehen kann, basiert auf den Systemausstattungs-Anforderungen Partitionierung, Isolierung, Einkapselung und Hardwareunabhängigkeit (vgl. RUNGE u.a., 2008, S. 81). Diese stellen die Haupteigenschaften der Virtualisierung dar.

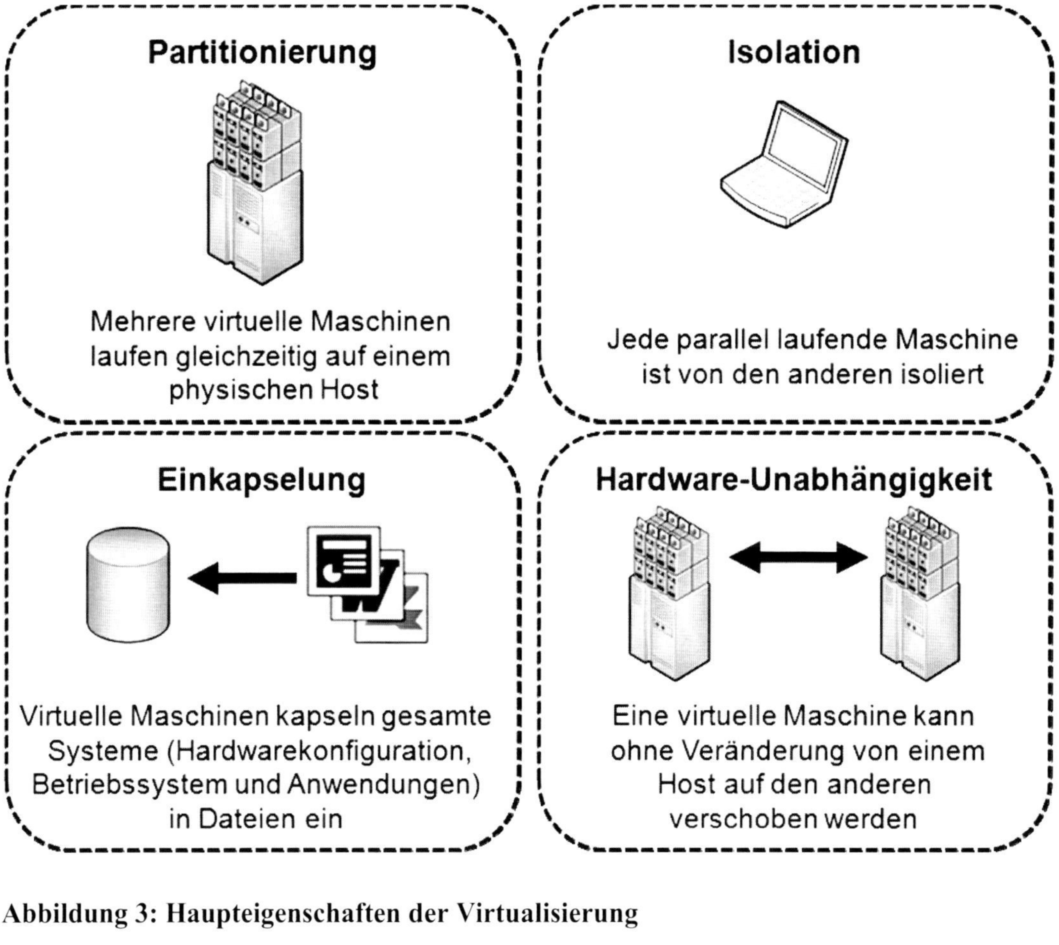

Abbildung 3: Haupteigenschaften der Virtualisierung

Quelle: vgl. RUNGE u.a., 2008, S. 81

Lange Zeit galt die Virtualisierung von x86 basierten Architekturen aufgrund der o.g. Anforderungen als nicht durchführbar. Problematisch war vor allem das x86 CPU Architekturmodell, das auf einem einfachen Berechtigungsmodell basiert. Es ist in sogenannte Ringe aufgeteilt, welche von 0 bis 3 durchnummeriert sind, wobei jeder Ring einen dedizierten Systemspeicherbereich hat. Die einzelnen Berechtigungsringe steuern die isolierte Ausführbarkeit von Prozessen je nach Zugehörigkeit, Ring 0 (Supervisor-Mode) verfügt über Vollzugriff und die restlichen Ringe nur über eingeschränkten Zugriff (User-Mode) auf die CPU. Üblicherweise laufen Kernel und Treiber des Betriebssystems in Ring 0 und das restliche Betriebssystem inkl. der Anwendungen in Ring 3. Die anderen beiden Ringe bleiben bei den heute gängigen Betriebssystemen wie Windows und Linux ungenutzt.

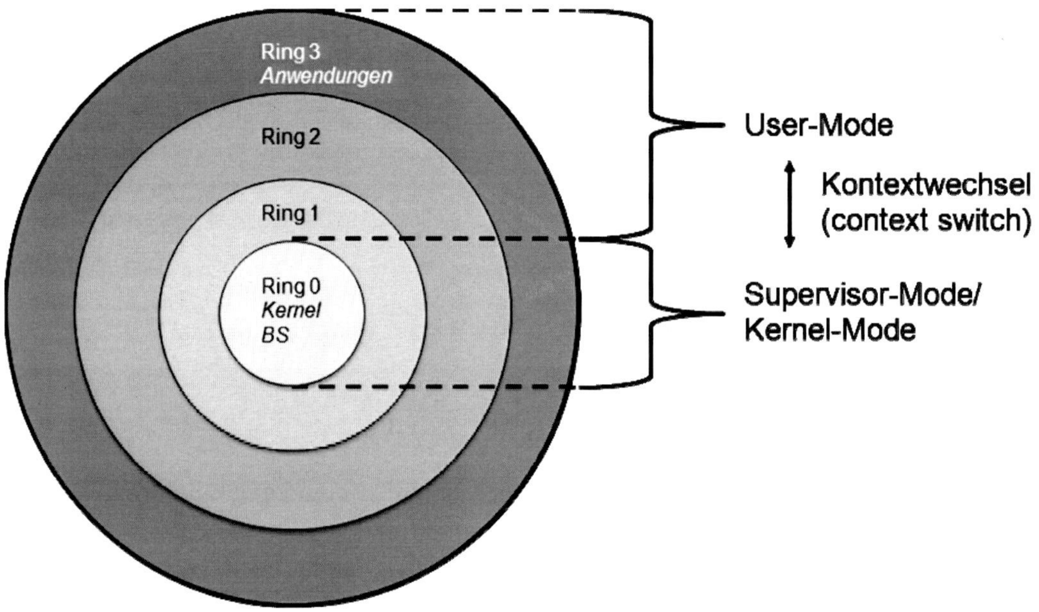

Abbildung 4: CPU Ring Architektur

Quelle: vgl. PICHT, 2009, S. 116 – eigene Ergänzungen

Da der Virtual Machine Manager über die vollständige Ressourcenkontrolle verfügen muss (vgl. GOLDBERG und POPEK, 1974, S. 413), um diese auf die zu virtualisierenden Maschinen verteilen zu können, müsste er in Ring 0 des CPU installiert werden. Allerdings sind die o.g. Betriebssysteme so entwickelt worden, dass sie ausschließlich in Ring 0 problemfrei laufen. Darüber hinaus können manche Instruktionen nicht virtualisiert werden, da sie, sofern sie nicht in Ring 0 laufen, eine andere Semantik haben. Um diese Problematik zu lösen, ist es erforderlich, die kritischen Instruktionen, welche den privilegierte Zugriff des Ring 0 erfordern, abzufangen und durch eine funktionierende Syntax zu ersetzen bzw. zu emulieren. Dieses Verfahren stellte lange Zeit eine der größten Herausforderungen der Virtualisierung von x86 Architekturen dar. Heutzutage werden drei alternative Techniken zur Lösung dieses Problems bei der Betriebssystemvirtualisierung angewandt, die Voll- Para- und Hardware basierte Virtualisierung, welche im nachfolgenden Abschnitt näher erläutert werden.

2.5 Betriebssystemvirtualisierung

Neben den Architekturen der Betriebssystemvirtualisierung wird zu Beginn dieses Abschnitts der Begriff des Hypervisors/Virtual Machine Managers eingeführt, welcher eine Kernkomponente der Betriebssystemvirtualisierung darstellt.

2.5.1 Hypervisor/Virtual Machine Manager

Der Hypervisor wurde in den Ursprüngen des Großrechnerzeitalters auch Supervisor genannt. Der Supervisor war der Teil des Betriebssystems, welcher die kritischen Zugriffe des Rechners verwaltete. Hierzu zählten z.B. die CPU Zeit oder die Speicherverwaltung (vgl. FISCHER, 2009, S. 58). Hypervisor bedeutet sinngemäß ein System, welches andere Systeme „überblickt" oder „überwacht" (vgl. PICHT, 2009, S. 12).

Heutzutage stellen Hypervisoren, auch als Virtual Machine Manager (VMM) bezeichnet, eine dünne Schicht an Code dar, welche die Aufteilung und gleichzeitige Nutzung der Systemressourcen durch verschiedene auf dem Hypervisor aufsetzende Betriebssysteme ermöglicht. Der Hypervisor hat hierbei privilegierte Kontrolle über die genutzten Ressourcen.

Man unterscheidet zwei Arten von Hypervisor. Typ 1 wird direkt auf die Hardware des Hostsystems installiert. Abbildung 1 zeigt schematisch die Anordnung der verschiedenen Schichten. Hierbei nutzen die installierten Gast-Betriebssysteme die virtuellen Ressourcen, welche vom Hypervisor zur Verfügung gestellt werden.

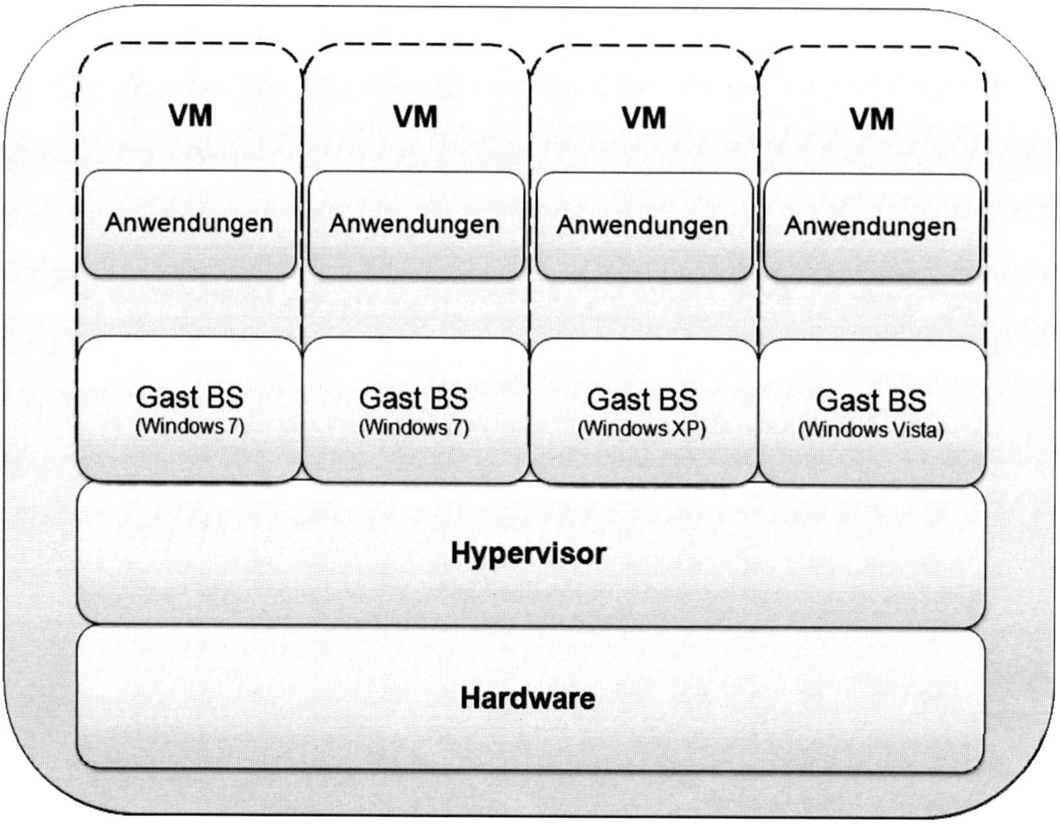

Abbildung 5: Hypervisor Typ 1

Quelle: vgl. TANENBAUM, 2009, S. 664

Ein Typ 2 Hypervisor, auch Hosted Hypervisor genannt, wird im Gegensatz zu Typ 1 nicht direkt auf die Hardware installiert, sondern setzt auf das Betriebssystem des Hostsystems auf (vgl. IBM CORP., 2005, S. 3). Ein- und Ausgabesteuerung sowie Ressourcen werden hierbei vom Hostbetriebssystem übernommen oder zur Verfügung gestellt. Abbildung 2 zeigt den Aufbau eines klassischen Typ 2 Hypervisors.

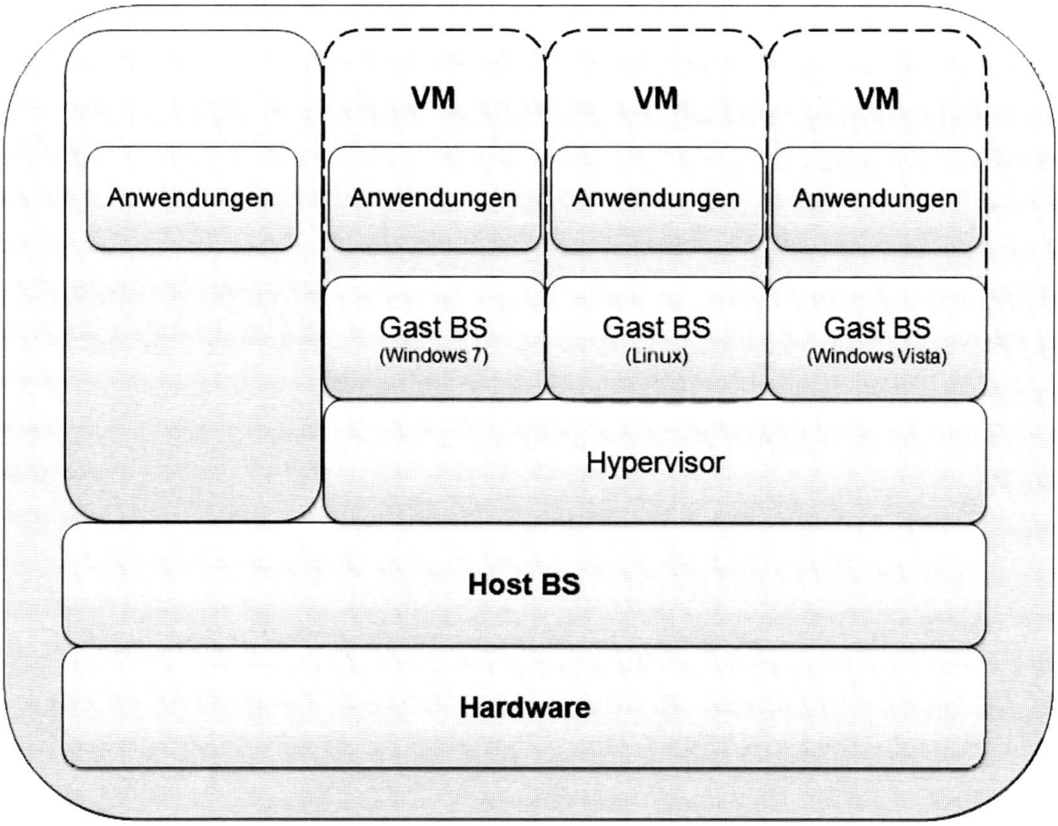

Abbildung 6: Hypervisor Typ 2

Quelle: vgl. PICHT, 2009, S. 13

In heutigen Rechenzentren kommen nahezu ausschließlich Hypervisor Typ 1 Technologien zum Einsatz, da die direkte Nutzung der Hardware das System erheblich performanter arbeiten lässt.

Typ 2 Technologien finden ihren Einsatz eher im Benutzerumfeld, um auf einem PC oder Notebook mehrere Betriebssysteme lauffähig zu bekommen. Ebenso können dann auf diesen Betriebssystemen verschiedene Programme auf ihre Lauffähigkeit überprüft werden.

2.5.2 Vollständige Virtualisierung

Die vollständige Virtualisierung erlaubt die Installation eines Gast-Betriebssystems ohne hierbei den jeweiligen Kernel anzupassen. Diese Art der Virtualisierung stellt für proprietäre Closed Source Betriebssysteme wie Windows die einfachste Art der Virtualisierung dar. Es wird dem Gastsystem eine vollwertige Hardware inklusiv CPU emuliert, in der es dem Gast möglich ist, privilegierte Operationen auszuführen. Der VMM fängt diese kritischen Aufrufe (Exceptions) ab (Trap) und emuliert bzw. ersetzt diese. Um die kritischen Aufrufe durch Nichtkritische zu ersetzen, muss der Aufruf zur Laufzeit recompiliert werden. Dieses Verfahren bezeichnet man als Binary Translation. Der somit nur indirekte Zugriff auf die Ressourcen des Hosts geht zu Lasten der Leistung der virtuellen Maschinen. Alle im User-Mode (Ring 3) ausgeführten Instruktionen werden direkt an die Hardware weitergeleitet und ermöglichen somit die Ausführung von Befehlen ohne Verluste (vgl. VMWARE INC., 2007a, S. 4). Neben der CPU werden auch alle anderen benötigten Peripheriegeräte komplett virtualisiert. Um die Performance der virtuellen Maschinen zu erhöhen, können spezielle Treiber installiert werden, welche über den VMM direkt mit der Hardware kommunizieren.

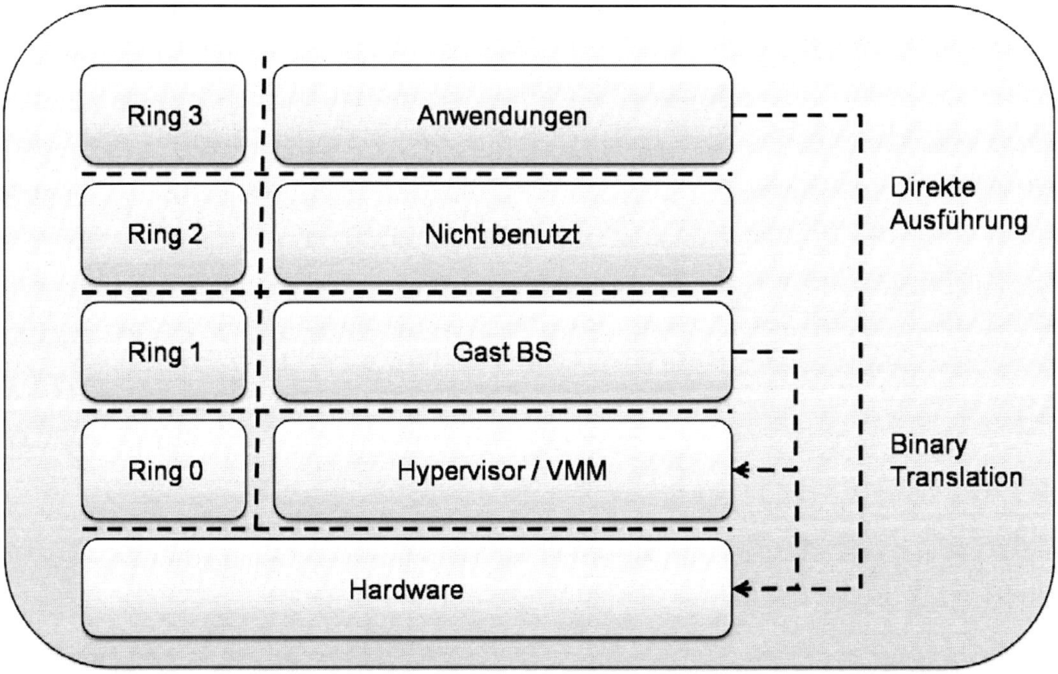

Abbildung 7: Vollvirtualisierung mit Binary Translation

Quelle: VMWARE INC., 2007a, S. 4

2.5.3 Paravirtualisierung

Der Begriff „Para" hat seinen Ursprung im Griechischen und wird mit „nebenher" übersetzt. Dementsprechend bedeutet Paravirtualisierung, dass sowohl das Host-Betriebssystem, welches den Hypervisor bereitstellt, als auch der virtuelle Gast-Kernel in Ring 0 und somit im privilegierten Modus ausgeführt werden. Hypervisor, Host-Betriebssystem und Gast teilen sich Ring 0 untereinander auf. Damit es hierbei zu keinerlei Konflikten kommt, werden die im Gast-Kernel enthaltenen kritischen Aufrufe durch Hypercalls ersetzt. Hypercalls sind Systemaufrufe an einen paravirtualisierten Hypervisor (vgl. FISCHER, 2009, S. 256) und stellen sicher, dass er die volle Kontrolle über die unter ihm liegende Hardware hat. Eine derartige Vorgehensweise führt zu einem äußerst performanten Betrieb der Gastsysteme. Das zwar gleichwohl angepasste, aber privilegierte Host-Betriebssystem dient hierbei zur Verwaltung der virtuellen Maschinen. Durch die notwendigen Anpassungen des Kernels ist der Einsatz von Paravirtualisierung den Open Source Betriebssystemen wie z.B. XenServer vorbehalten (vgl. FISCHER, 2009, S. 144f.).

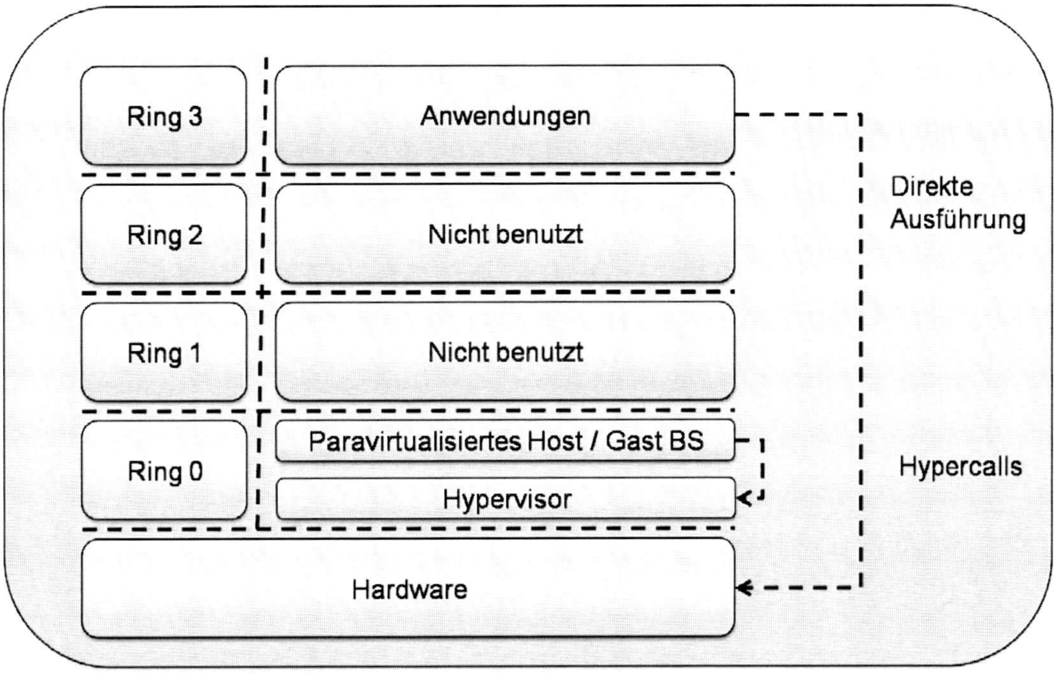

Abbildung 8: Paravirtualisierung mit Hypercalls

Quelle: VMWARE INC., 2007a, S. 5

2.5.4 Hardwarebasierte Virtualisierung

Aus der Notwendigkeit heraus die Komplexität bzw. den Aufwand zur Virtualisierung zu reduzieren entwickelten die Firmen Intel und AMD neue Prozessorgenerationen mit implementierten Virtualisierungserweiterungen (AMD-V und Intel VT). Diese neuen Prozessorgenerationen wurden um den Ring -1, auch Root Mode genannt, erweitert. Der Hypervisor ist in diesen Root Mode installiert und die Gast-Betriebssysteme werden normal in Ring 0 ausgeführt. Der jeweilige Gaststatus wird von der CPU gespeichert. Hierdurch werden sowohl die Behandlung der Exceptions mittels Binary Translation (Vollvirtualisierung) als auch die Anpassung der jeweiligen Kernels (Paravirtualisierung) überflüssig (vgl. VMWARE INC., 2007a, S. 6). Mit Hilfe dieser neuen Prozessorerweiterung können auch Closed Source Betriebssysteme wie Windows mit Paravirtualisierungslösungen virtualisiert werden.

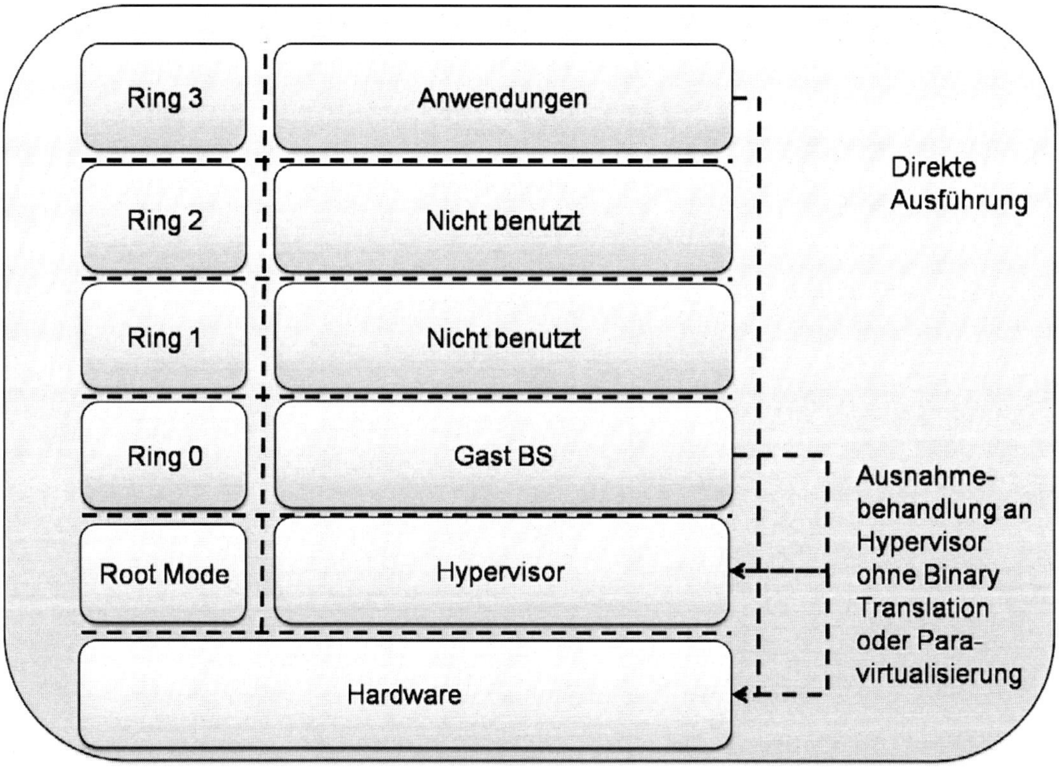

Abbildung 9: Hardwarebasierte Virtualisierung

Quelle: VMWARE INC., 2007a, S. 6

2.6 Präsentationsvirtualisierung

Präsentationsvirtualisierung bezeichnet die Abstraktion vom Ausführen der Anwendungen oder des Desktops zur Anzeige und wird üblicherweise auch als Terminalservertechnologie oder Server-based Computing bezeichnet. Anwendungen laufen nicht lokal auf dem PC, sondern auf hierzu bereitgestellten Anwendungsservern. Über virtuelle Sitzungen können dem User entweder einzelne Anwendungen zur Verfügung gestellt werden oder sogar ein vollständiger Desktop (vgl. MATTHEWS, 2008, S. 324). Das Endgerät fungiert hierbei nur noch als Anzeigeperipherie, auch Access Device genannt, welches die virtuellen Sitzungen darstellt und den Anschluss von Eingabegeräten ermöglicht. Die Verbindung vom Client zur virtuellen Sitzung wird über ein Transportprotokoll hergestellt. Anwendungen, die auf diesen Remote Desktop Systemen gestartet werden, verfügen über eine Multiuserfunktionalität, wodurch diese lediglich einmal pro Anwendungsserver gestartet werden müssen. Pro Benutzer werden dann individuelle Umgebungsvariablen in die für ihn erstellte virtuelle Sitzung geladen. Durch diese Technologie können auf einem marktüblichen Server ca. 30 Benutzer gleichzeitig arbeiten. Sollte eine Anwendung im Laufe der Zeit ein Update benötigen, muss dieses nicht mehr an jeden Client verteilt werden, sondern nur noch auf die jeweiligen Anwendungsserver. Da diese Server üblicherweise über sehr schnelle Netzwerkverbindungen im Rechenzentrum (RZ) verfügen, kann ein solches Update in kürzester Zeit erfolgen. Durch die reine Back-Bone-Kommunikation sind alle Datenzugriffe performanter.

Da weder Betriebssystem, Anwendungen noch Daten auf dem Access Device bereitgestellt werden müssen, können hier klassische PCs durch Thin Clients ersetzt werden (vgl. WILLIAMS und WALLA, 2003, S. 650). Thin Clients sind Endgeräte mit einem im Funktionsumfang eingeschränkten Betriebssystem, welches den Aufbau von Remote Desktop Verbindungen zulässt.

Die Remote Desktop Dienste in Windows Server 2008 und XenApp der Firma Citrix stellen Produkte der Präsentationsvirtualisierung dar, welche im weiteren Teil dieses Buches in ihrer Architektur und Funktionsweise beschrieben werden.

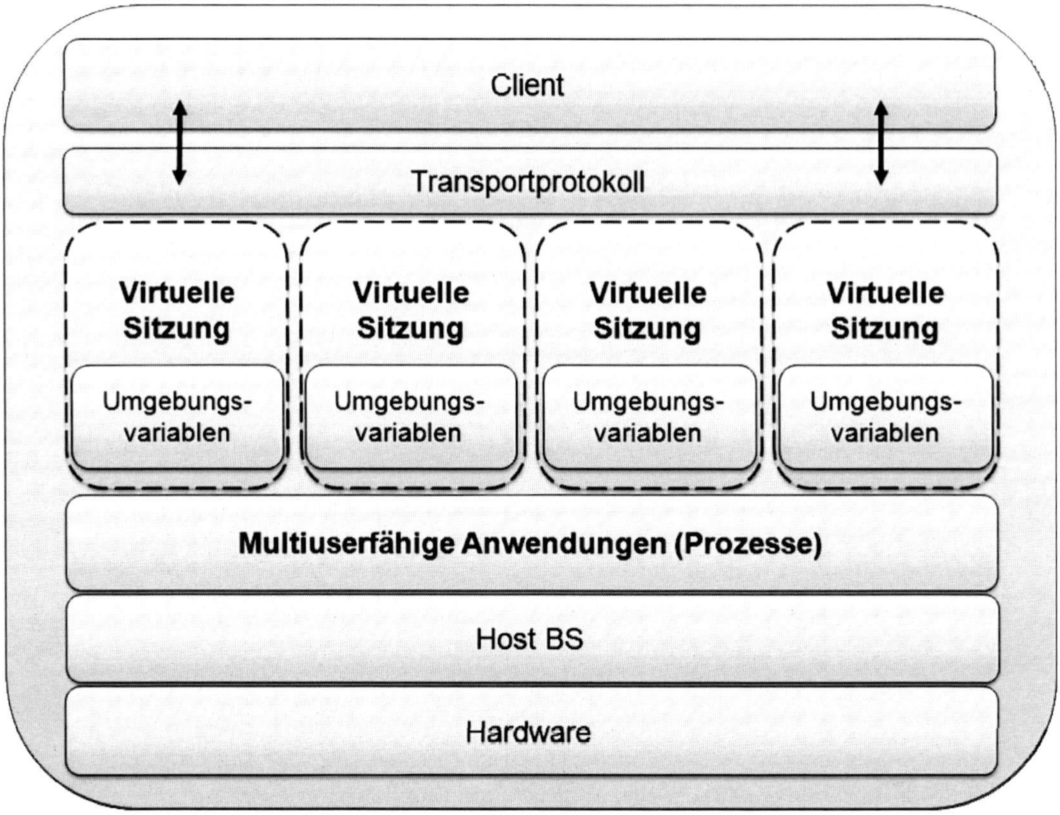

Abbildung 10: Architektur Terminalserver

Quelle: eigene Darstellung

2.7 Rechtsgrundlagen und Sicherheit

Die Sicherheit und der Schutz von Daten in der IT werden in Deutschland als Bestandteil der Unternehmensführung in nachfolgenden Gesetzen und Verordnungen festgeschrieben:

- **Handelsgesetzbuch (HGB), §238 Abs. 1**

Das HGB schreibt dem Kaufmann vor, Bücher nach den Grundsätzen ordnungsgemäßer datenverarbeitungsgestützter Buchführungssysteme (GoBS) zu führen. Abschnitt V GoBS enthält Bestimmungen zur Datensicherheit, wie beispielsweise: „Ziel der Datensicherungsmaßnahmen ist es, die Risiken für die gesicherten Programme/Datenbestände hinsichtlich Unauffindbarkeit, Vernichtung und Diebstahl zu vermeiden." (BUNDESMINISTERIUM DER JUSTIZ, 2009a).

- **Bundesdatenschutzgesetz (BDSG), §9**

Das BDSG regelt den Umgang öffentlicher und nichtöffentlicher Stellen mit personenbezogenen Daten auf Bundesebene. §9 betrifft die Anforderungen an diesbezügliche technische und organisatorische Maßnahmen: „Öffentliche und nichtöffentliche Stellen, die selbst oder im Auftrag personenbezogene Daten erheben, verarbeiten oder nutzen, haben die technischen und organisatorischen Maßnahmen zu treffen, die erforderlich sind, um die Ausführung der Vorschriften dieses Gesetzes, insbesondere die in der Anlage zu diesem Gesetz genannten Anforderungen, zu gewährleisten." (BUNDESMINISTERIUM DER JUSTIZ, 2009b). Die betreffende Gesetzesanlage befasst sich mit Anforderungen zur Kontrolle von u.a. Zugriff, Weitergabe, Eingabe und Verfügbarkeit von Daten.

- **Telekommunikationsgesetz (TKG), §109**

Ziel der Regulierungen des TKG sind gemäß §2 „[...] die Wahrung der Nutzer-, insbesondere der Verbraucherinteressen auf dem Gebiet der Telekommunikation und die Wahrung des Fernmeldegeheimnisses." (BUNDESMINISTERIUM DER JUSTIZ, 2009c). Demnach fallen unter das TKG alle Unternehmen, bei welchen Mitarbeiter Telekommunikationsdienste wie Telefon oder Internet auch privat nutzen. §109 beinhaltet die Forderung nach technischen Schutzmaßnahmen: „Jeder Diensteanbieter hat angemessene technische Vorkehrungen oder sonstige Maßnahmen zum Schutze 1. des Fernmeldegeheimnisses und personenbezogener Daten und 2. der Telekommunikations- und Datenverarbeitungssysteme gegen unerlaubte Zugriffe zu treffen." (BUNDESMINISTERIUM DER JUSTIZ, 2009c).

- **Telemediengesetz (TMG), §13**

Das TMG löste mit seinem Inkrafttreten von März 2007 das Teledienstegesetz, das Teledienstedatenschutzgesetz sowie zum großen Teil auch den Mediendienste-Staatsvertrag ab. Es bildet den rechtlichen Rahmen für den Umgang mit den sogenannten Telemedien, welche ein Rechtsbegriff für elektronische Informations- und Kommunikationsdienste sind. Inhaltlich bleibt das TMG in §13 Absatz 4 angelehnt an die bisherigen Pflichten der Diensteanbieter: „Der Diensteanbieter hat durch technische und organisatorische Vorkehrungen sicherzustellen, dass [...] der Nutzer Telemedien gegen Kenntnisnahme Dritter geschützt in Anspruch nehmen kann." (BUNDESMINISTERIUM DER JUSTIZ, 2009d).

- **Banken- und Kapitaladäquanzrichtlinie (Basel II)**

Gemäß Basel II ist der Einsatz von Informationstechnologien in Unternehmensprozessen als operationelles Risiko bei der Bonitätseinschätzung eines kreditbeantragenden Unternehmens zu sehen. „Ein Informationssicherheitsmanagementsystem gemäß dem internationalen Standard International Organization for Standardization/International Electrotechnical Commission (ISO/IEC) 27001:2005 hilft hier, die mit dem Umgang mit Information verbundenen operationellen Risiken effizient, messbar und nachvollziehbar zu handhaben.“ (DECKER, 2007) und dient somit der Erzielung günstiger Kreditkonditionen.

- **Gesetz über das Kreditwesen (KWG), §25a; Verordnung und Verlautbarung der Bundesanstalt für Finanzdienstleistungsaufsicht (BaFin); Allgemeiner Teil (AT) 7.2 und AT 7.3**

Durch das KWG werden die geschäftlichen Tätigkeiten von Kredit- und Finanzdienstleistungsinstituten in Deutschland geregelt. Das Risikomanagement gemäß §25a für die ordnungsgemäße Geschäftsorganisation von Instituten „ […] schließt die Festlegung eines angemessenen Notfallkonzepts, insbesondere für IT-Systeme, ein.“ (BUNDESMINISTERIUM DER JUSTIZ, 2009e). Mit Mindestanforderungen an das Risikomanagement (MaRisk) werden Vorgaben der BaFin für ebendiese Ausgestaltung bei deutschen Finanzinstituten bezeichnet. Die Hauptaufgabe der BaFin ist die Aufsicht über Kredit- und Finanzdienstleistungsinstitute, Versicherungsunternehmen und den Wertpapierhandel. In der aktuellen Fassung von August 2009 befasst sich Punkt AT 7.2 mit den MaRisk Anforderungen für technisch-organisatorischen Ausstattungen, insbesondere den IT-Systemen. „Die IT-Systeme (Hardware- und Software-Komponenten) und die zugehörigen IT-Prozesse müssen die Integrität, die Verfügbarkeit, die Authentizität sowie die Vertraulichkeit der Daten sicherstellen.“ (BUNDESANSTALT FÜR FINANZDIENSTLEISTUNGSAUFSICHT, 2009, S. 13). Ebenso werden die Einhaltung gängiger Standards sowie die Einrichtung einer angemessenen Berechtigungsvergabe (ggf. als Rollenmodell) gefordert. Einsatz- und Eignungstest sind regelmäßig in getrennter Produktions- und Testumgebung von Fachpersonal durchzuführen. Änderungen der jeweiligen Parameter müssen anwenderunabhängig sein.

Die Ausgestaltung des in Anlehnung an §25a KWG geforderten Notfallkonzeptes ist in Punkt AT 7.3 festgelegt. „Das Notfallkonzept muss Geschäftsfortführungs- sowie Wiederanlaufpläne umfassen." (BUNDESANSTALT FÜR FINANZDIENSTLEISTUNGSAUFSICHT, 2009, S. 13). Dies beinhaltet u.a. zeitnahe Ersatzlösungen und regelmäßige Notfalltests.

Während bei der Diskussion um das Thema Virtualisierung hauptsächlich die Vorteile und Einsatzmöglichkeiten betrachtet werden, werden Sicherheitsbedenken und Risiken oftmals hinten angestellt. Dennoch sollte gerade dieser Aspekt nicht vernachlässigt werden, da hier Angriffsflächen in Bezug auf die gesamte Unternehmensstruktur bestehen. Eine virtuelle Maschine ist deutlich risikobehafteter und anfälliger als ein physischer Rechner. Ein Angriff auf einen Hypervisor würde beispielsweise die vollständige Kontrolle der durch den Hypervisor bereitgestellten virtuellen Maschinen ermöglichen.

Eine Betrachtungsweise für Sicherheit in der IT ist die Unterteilung in intentionale, beabsichtigte, und nichtintentionale, also zufällige oder unbeabsichtigte, Beeinträchtigungen (vgl. FALK, 2009, S. 12). Das Bundesamt für Sicherheit in der Informationstechnik (BSI) gibt jährlich einen sogenannten Grundschutz-Katalog für IT-Sicherheit heraus, die aus den Baustein-, Maßnahmen- und Gefährdungskatalogen bestehen. Mit der neuen Auflage für 2010 soll dieser Katalog erstmals um den Baustein Virtualisierung erweitert werden (vgl. MANHART, 2009). In Anlehnung an das BSI sind die Aspekte Vertraulichkeit, Verfügbarkeit und Integrität Grundziele bei der Implementierung von Sicherheit. Eine Gefährdung besteht durch höhere Gewalt, organisatorische Mängel, menschliche Fehlhandlungen, technisches Versagen und vorsätzliche Handlungen (vgl. BUNDESAMT FÜR SICHERHEIT IN DER INFORMATIONSTECHNIK, 2009).

Die Hersteller sind gefordert, neue Sicherheitskonzepte zu verwirklichen und in die bestehende Technologie zu implementieren.

3 Produkte der Betriebssystemvirtualisierung

In diesem Teil des Buches werden Produkte der Betriebssystemvirtualisierung in ihrer Architektur und Funktionsweise dargestellt. Bei der Produktauswahl wurden die Marktführer VMware, Citrix und Microsoft berücksichtigt.

3.1 VMware

VMware kann als Erfinder der x86 basierten Virtualisierungstechnologie bezeichnet werden. Nach der Gründung 1998 entwickelte das Unternehmen im Kernbereich x86 Virtualisierungsprodukte. 1999 brachte das Unternehmen das erste Hypervisor Typ 2 basierende Hostvirtualisierungsprodukt mit Namen VMware Workstation auf den Markt (vgl. VOGEL IT-MEDIEN GMBH, 2008, S. 6). 2004 wurde VMware von EMC², einem der führenden Storage-Hersteller der Welt, übernommen und 2007 an die Börse gebracht. Heute erzielt das Unternehmen mit ca. 7.000 Mitarbeitern einen Umsatz von 1,9 Milliarden US$ (vgl. VMWARE INC., 2009a). Zu den Kernprodukten zählen VMware Workstation, VMware Server und der VMware Player als Hypervisor Typ 2 Produkte sowie vSphere/ESX als Hypervisor Typ1 Produkte. Darüber hinaus bietet VMware auch Produkte zur Anwendungsvirtualisierung (ThinApp) oder Desktopvirtualisierung (View) an.

3.1.1 VMware vSphere 4.0/ESX

VMware vSphere 4.0 bezeichnet die Virtualisierungssuite von VMware und beinhaltet neben einigen anderen Produkten den VMware ESX (Server) als Paravirtualisierungsplattform und das vCenter zur Verwaltung. Der VMware ESX steht in einer kostenlosen Version (ESXi) und in einer kostenpflichtigen Variante (ESX) zur Verfügung. Beide Versionen sind Hypervisor Typ 1 basierte Technologien, welche direkt auf die Hardware installiert werden. Der Unterschied liegt im Management. Die ESX Version basiert auf einem Linux Betriebssystem, auch Service Console genannt. Sie ermöglicht das Management des Hypervisors sowie das Ausführen von Scripts, das Installieren von Drittanbieter Programmen zur Hardwareüberwachung oder auch das Sichern der Umgebung. Diese Konsole wurde aus ESXi entfernt (vgl. VMWARE INC., 2009b) und ermöglich somit die Installation eines VMware Hypervisors mit nur 32 Megabyte (MB) Plattenspeicherbedarf.

Der Hypervisor beider Produkte wird als VMkernel bezeichnet. Er hat die volle Kontrolle über die Hardware und ist in der Lage, diese auf verschiedene virtuelle Gäste zu verteilen. Hierbei ist es möglich, bestimmte Ressourcen wie z.B. den Hauptspeicher, für bestimmte Gäste zu reservieren. Das VMware Virtual Symmetric Multi-Processing erlaubt es, virtuellen Gästen mehr als einen Prozessor zur Verfügung zu stellen (vgl. LOWE, 2009, S. 3). Hierdurch können auch Server mit Anwendungen, die mehrere CPUs benötigen, performant virtualisiert werden. Unter VMware ESX werden alle benötigten Treiber für die physische Hardware vom

VMkernel bereitgestellt. Die Anzahl der Treiber ist hierbei begrenzt und erfordert eine Installation auf zertifizierter Hardware.

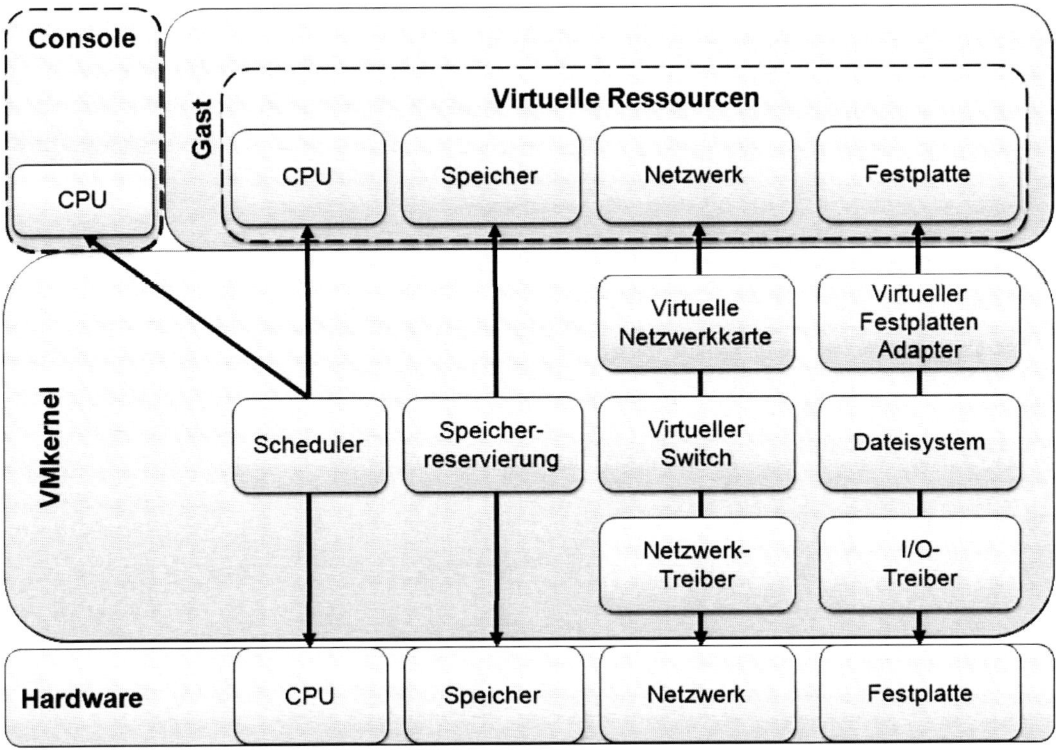

Abbildung 11: VMware ESX Architektur

Quelle: vgl. VMWARE INC., 2009c

3.1.2 VMware Workstation/Server/Player

Bei VMware Player und Server handelt es ich um kostenlose Produkte aus dem Hause VMware, wohingegen das Workstation Produkt die kostenpflichtige Version dieser Hypervisor Typ 2 basierenden Produkte darstellt. Der Player verfügt lediglich über die Funktionalität fertig eingerichtete virtuelle Maschine wiederzugeben (vgl. RUNGE, 2009, S. 110), das heißt sie zu starten oder zu stoppen. Veränderungen an der Konfiguration der virtuellen Maschine sind jedoch nicht möglich. Die im Hypervisor Typ 2 realisierte Technologie wird auch Hosted Virtual Machine Architecture genannt und installiert die jeweiligen Produkte auf das bestehende Betriebssystem des Hosts. Hierbei wird ein zusätzlicher Treiber

(VM-Treiber) in das Hostsystem installiert. Der Treiber gewährt dem VMM die benötigten privilegierten Rechte auf die Hardware und steuert nach der Installation die Ressourcenaufteilung der physischen und virtuellen Maschinen. Jede benötigte Ressource innerhalb einer virtuellen Maschine wird nicht direkt auf der Hardware ausgeführt, sondern durch den VMM abgefangen und an das Betriebssystem des Hosts weitergeleitet. Dies entspricht dem Prinzip der Binary Translation und verhindert, dass es Überschneidungen beim Zugriff auf benötigte Ressourcen gibt.

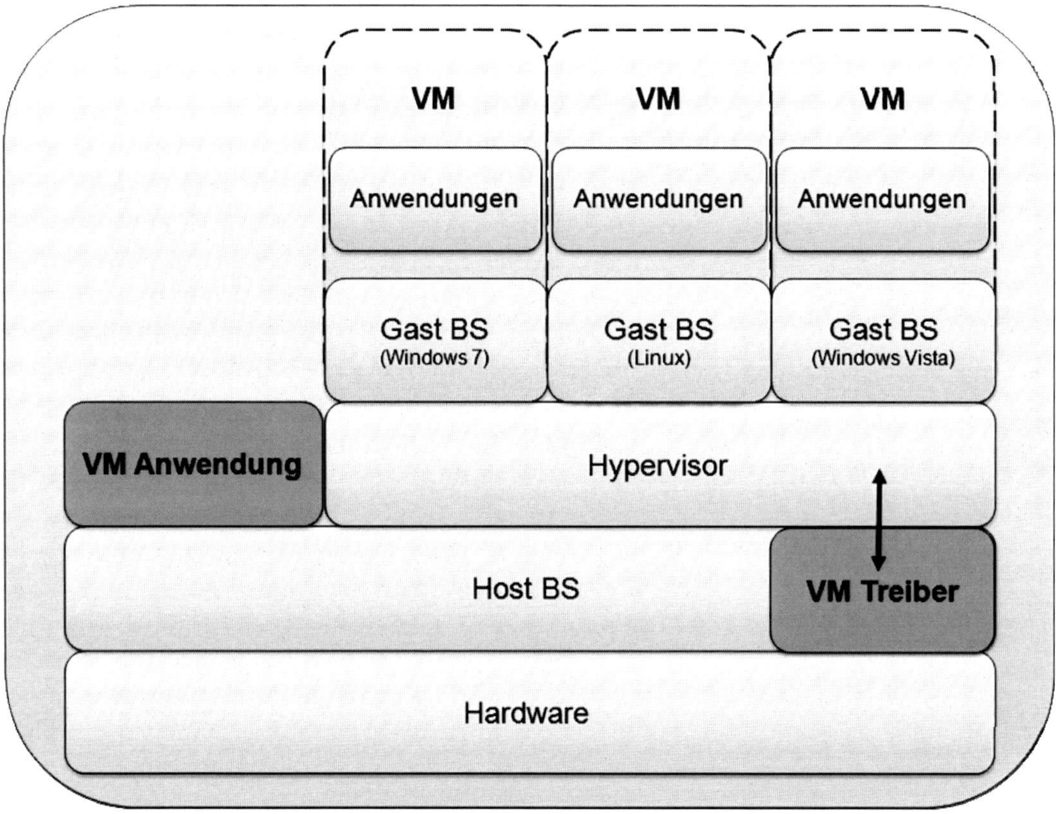

Abbildung 12: Architektur VMware Hypervisor Typ 2 Produkte
Quelle: vgl. SUGERMAN u.a., 2001, S. 2

Obwohl der VMM die volle Kontrolle über die Host-Hardware hat, kann das Host-Betriebssystem die Ressourcenauslastung steuern, um eine 100 %ige Auslastung durch eine virtuelle Maschine zu verhindern. Ein Vorteil dieser Architektur liegt in der Bereitstellung virtuell emulierter Hardware innerhalb der virtuellen Maschine. So kann z.B. eine Datei als virtuelles Laufwerk innerhalb der virtuellen Maschine emuliert werden. Die Emulation verschiedener Hardware innerhalb virtueller Maschinen eignet sich hervorragend für den Test von Anwendungen in Bezug auf die benötigte Peripherieunterstützung (vgl. SUGERMAN u.a., 2001, S. 3).

3.1.3 VMware View

Mit der aktuellen Version des VMware Desktopvirtualisierungsproduktes View 4 wird die vollständige Integration in die Plattform-Architektur vSphere vollzogen. View 4 steht zurzeit in zwei verschiedenen Versionen (Premier und Enterprise) mit unterschiedlichem Umfang zur Verfügung (vgl. VMWARE INC., 2009d, S. 7).

Neben den Standardfunktionalitäten beinhaltet die Premier Version den View Composer zur Erstellung mehrerer virtueller Maschinen auf Basis eines Master-Images (Parent Image). Alle Updates oder Patches müssen hierbei nicht mehr auf jeder virtuellen Maschine individuell durchgeführt werden, sondern können zentral am Master-Image erfolgen (vgl. VMWARE INC., 2009e, S. 1f.). Neben dem View Composer beinhaltet die Premier Version auch ThinApp 4 zur Anwendungsvirtualisierung und Offline Desktop zum Streamen eines virtuellen Images auf ein Endgerät. Die Kernkomponente von View stellt der View Manager dar. Er beinhaltet folgende Komponenten: View Connection Server, View Client, View Agent, View Portal und den View Administrator.

Das Access Device (Thin Client oder PC) verbindet sich mittels lokal installiertem View Client an den View Connection Server. Dieser ermittelt den oder die auf der ESX Virtualisierungsplattform bereitgestellten virtuellen Desktop für den jeweiligen Benutzer und zeigt diese im Client an oder verbindet sich direkt mit dem virtualisierten Desktop. Zur Kommunikation mit den virtuellen Maschinen nutzt er hierbei den View Agent, welcher auf jedem zur Verfügung stehenden virtuellen Desktop installiert sein muss. Die eigentliche Verbindung vom Access Device zum virtuellen Desktop wird entweder über das Microsoft Remote Desktop Protocol oder über PC over Internet Protocol (IP) aufgebaut. Das jeweils genutzte Protokoll muss lokal auf dem Access Device installiert sein. Alternativ zum View Client kann der Benutzer auch über das View Portal (Webseite) auf seine virtuellen Desktops zugreifen (vgl. VMWARE INC., 2009f, S. 2).

Zur Verwaltung wird der View Administrator benutzt. Er ermöglicht z.B. das Ändern der Konfiguration einer virtuellen Maschine, das Erstellen und Verwalten von statischen oder dynamischen Desktoppools (vgl. VMWARE INC., 2007b, S. 13f.) sowie die Berechtigungsvergabe von Desktops, Gruppen und Benutzern.

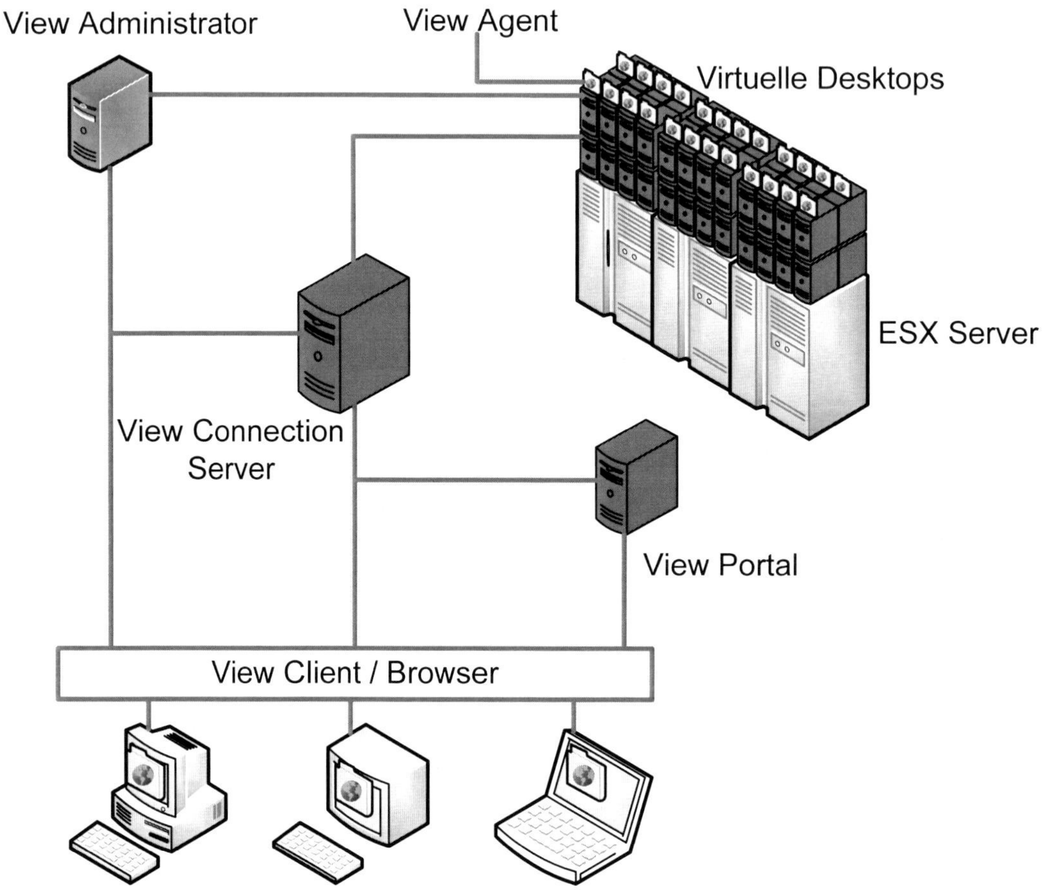

Abbildung 13: VMware View Funktionsweise

Quelle: vgl. VMWARE INC., 2009e, S. 2

3.2 Citrix

Die Firma Citrix wurde 1989 von Ed Lacobucci gegründet und hat heute ihren Hauptsitz in Fort Lauderdale/Florida, USA. Man kann Citrix zu Recht als Erfinder der Terminalservertechnologie auf x86 basierten Computern bezeichnen. Das Kommunikationsprotokoll ICA war der Grundstein dieser Technologie. 1992 unterzeichnete Citrix eine Lizenzvereinbarung mit Microsoft für die Nutzung der Multiusertechnologie auf Windows NT Server. In den folgenden Jahren wurden Produkte wie WinFrame, MetaFrame, Presentationserver und XenApp entwickelt (vgl. CITRIX SYSTEMS INC., 2008a, S. 1-6). Heutzutage nutzen mehr als 230.000 Unternehmen Technologien, die auf Basis des ICA Protokolls kommunizieren (vgl. CITRIX SYSTEMS INC., 2009a, S. 3).

Aufgrund der Tatsache, dass die Firma Citrix seit ihrer Gründung im Bereich der Präsentationsvirtualisierung aktiv war und ist, lag es nahe, auch in anderen Bereichen der Virtualisierung tätig zu werden. Im August 2007 kaufte Citrix die Firma XenSource für ca. 500 Millionen US$ (vgl. CITRIX SYSTEMS INC., 2007) und erweiterte ihr Spektrum auf das Gebiet der Betriebssystemvirtualisierung.

3.2.1 Citrix XenServer

Bereits 2001 entstand der Ansatz für Xen in der XenoServer Projektgruppe an der Universität Cambridge unter Leitung von Ian Pratt. Im Jahr 2003 wurde Xen das erste Mal in einer Veröffentlichung unter dem Namen „Xen and the Art of Virtualization“ (vgl. PRATT, 2003a) auf dem Symposium on Operating Systems vorgestellt. Kurz nach der Veröffentlichung der Version 1.0 gründeten einige Mitglieder der Projektgruppe die Firma XenSource, welche sich bis heute um die Weiterentwicklung, den Support und die Xen Community kümmert. Durch den in den letzten Jahren am Markt vorherrschenden Virtualisierungshype entschloss sich Citrix 2007 XenSource zu kaufen. Seitdem bietet Citrix den Xen Hypervisor als kommerzielles Produkt am Markt an (vgl. RUEST, 2009, S. 173).

Xen ist ein auf Linux basierender Typ 1 Hypervisor, welcher in unterschiedlichen Distributionen (Suse, Debian, etc.) zur Verfügung steht. Es wurde entwickelt, um mit modifizierten Kerneln (vgl. PRATT, 2003b, S. 6) virtuelle Maschinen zu erzeugen und nutzt hierfür die Para- oder hardwarebasierte Virtualisierungstechnik. Letztere ermöglicht auch den Einsatz von unmodifizierten Betriebssystemen wie Windows.

Der Xen Hypervisor liegt direkt auf der physischen Hardware und hat die volle Kontrolle über diese. Er beinhaltet die Module: Xen Application Programming Interface (API), Safe HW Interface, Event-Channels, virtuelle CPU und virtuelles Read All Memory (RAM). Der Hypervisor stellt die für die Virtualisierung der Gäste benötigten Hardwareressourcen bereit und teilt jedem Gast den benötigten Anteil zu. Hierbei gewährleistet er, dass keiner der Gäste über die gesamten physischen Hardwareressourcen verfügen kann. Der Speicher wird hierbei beschränkt, wohingegen die CPU Zeit nach Bedarf zugeteilt wird. Neben Speicher und CPU regelt der Hypervisor auch, welche zusätzliche Hardware den Gästen angeboten wird. Im Bedarfsfall kann er auch zusätzliche, in der physischen Maschine nicht vorhandene Geräte, den Gästen zur Verfügung stellen. Dieser Vorgang wird auch als Export der Ressourcen bezeichnet. Um die Portierbarkeit der Hardware zu erleichtern, werden vom Hypervisor nur generische Geräte zur Verfügung gestellt. Das Gastsystem kommt also ohne hostspezifische Gerätetreiber aus. Alle privilegierten Operationen werden über Hypercalls an den Hypervisor geschickt (vgl. PRATT, 2003a, S. 168), die restlichen unprivilegierten Operationen direkt an die Hardware.

Die heutige Möglichkeit der hardwarebasierten Virtualisierung erübrigt das Abfangen privilegierter Operationen mittels Hypercalls. Die hierfür notwendigen CPUs stellen für den Hypervisor die Ringe 0 bis 3 im Root Modus und für die Gäste die gleichen Ringe im Nonroot Modus zur Verfügung (vgl. MATTHEWS u.a., 2008, S. 51). Da somit auch Gastsysteme in Ring 0 laufen können, sind keine Modifikationen am Kernel des Gastes mehr erforderlich.

Unter Xen werden einzelne virtuelle Instanzen als Domains bezeichnet. Domain 0 (Dom0), auch Driver Domain genannt (vgl. RADONIC und MEYER, 2006, S. 92), dient hierbei als privilegierte Verwaltungsinstanz, um die weiteren Instanzen (Dom U) zu erstellen und zu verwalten. Innerhalb von Dom0 stehen verschiedene Anwendungen zur Verfügung, wie z.B. xm, xend, xenstore oder xenbus. Über xm können neue Domains erstellt und verwaltet werden. Xm dient hierbei nur als Benutzerinterface, wohingegen xend als Daemon die eigentlichen Anweisungen ausführt (vgl. PICHT, 2009, S. 19). Alle Konfigurationen werden im Datenspeicher xenstore abgelegt. Das Abspeichern und Laden einzelner Konfigurationen wird mit Hilfe des xenbus realisiert.

Da Xen auf einem Open Source Linux Kernel basiert, ist der Einsatz von XenServer kostenlos und kann über die Internetseite von Citrix heruntergeladen werden. Das Management unter Citrix wird vom XenCenter übernommen.

Neben der Nutzung von zentral bereitgestellten Speichersystemen (SANs), dem Verschieben von virtuellen Servern von einem Host auf den anderen und dem zentralen Verwalten von mehreren Servern oder Servergruppen beinhaltet XenCenter die grundlegenden Funktionalitäten für den Einsatz im Rechenzentrum.

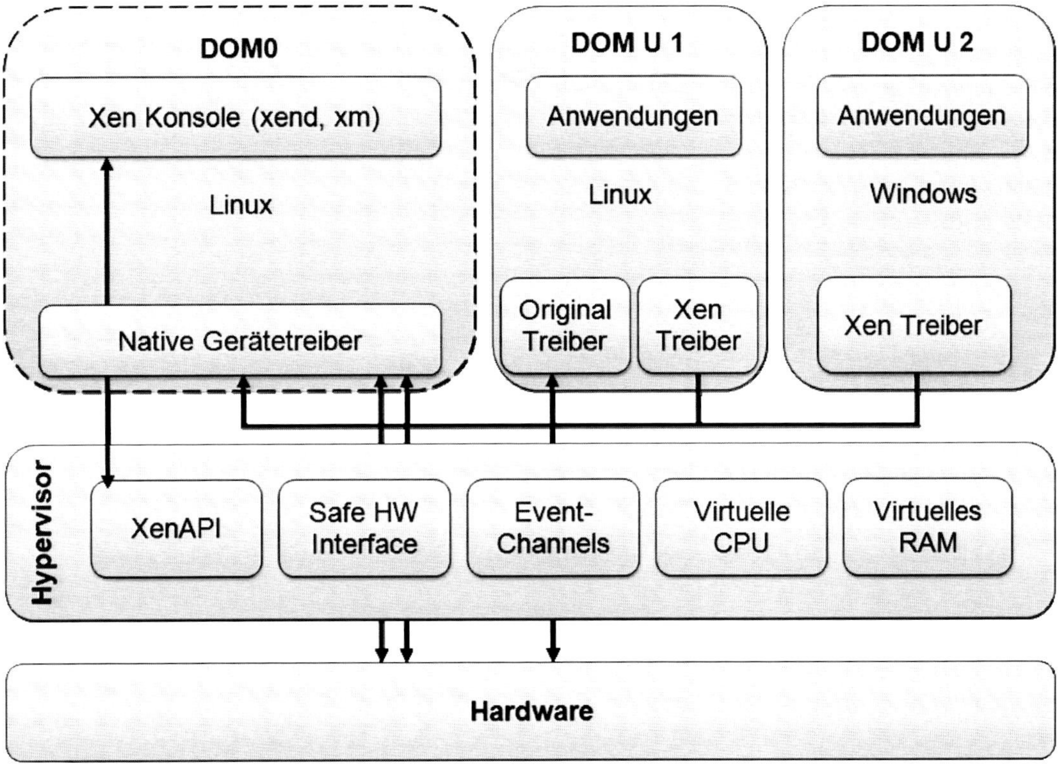

Abbildung 14: Xen Architektur

Quelle: vgl. RADONIC und MEYER, 2006, S. 91

Für erweiterte Funktionalitäten, wie z.B. das ressourcenabhängige Verteilen von virtuellen Maschinen auf verschiedene Hosts oder die Bereitstellung einer Hochverfügbarkeit der virtuellen Maschinen durch das automatische Verschieben virtueller Maschinen bei einem Hostsystem Ausfall, bietet Citrix die Essentials for XenServer an. Je nach benötigter Funktionalität wird in Enterprise und Platinum Edition unterschieden.

3.2.2 Citrix XenDesktop

Die Desktopvirtualisierungslösung von Citrix mit Namen XenDesktop stellt keine Einzelkomponente, sondern die Summe aus verschiedenen Funktionskomponenten dar.

Das Kernstück ist der Desktop Delivery Controller (DDC). Er verteilt und regelt den Zugriff auf die virtualisierten Desktops sowie die Authentifizierung der Benutzer inkl. der Lizenzüberprüfung beim Lizenzserver. Darüber hinaus ist er in der Lage virtuelle Desktops bei Bedarf hoch- oder runterzufahren (CITRIX SYSTEMS INC., 2009b, S. 27). Die virtuelle Bereitstellung der Desktops kann sowohl auf Citrix XenServer als auch auf VMware ESX oder Microsoft Hyper-V erfolgen (vgl. LÜDEMANN, 2009, S. 114). Durch die Installation des Virtual Desktop Agent (VDA) auf den virtualisierten Desktops ist es dem DDC egal welches Virtualisierungsprodukt genutzt wird. Neben dem Desktopservice, welcher dem DDC Zugriff für die Auswertung und die Stati der virtuellen Desktops gewährt, ist auch das für die Kommunikation mit dem Endgerät benötigte ICA Protokoll Bestandteil des VDA. Der Benutzer verbindet sich vom Endgerät mit Hilfe des ICA Clients (auch Desktop Receiver genannt) oder einem Browser mit dem Web Interface des DDC. Nach erfolgreicher Anmeldung durch den Benutzer wird ihm der bereitgestellte Desktop angezeigt oder es erfolgt eine automatische Verbindung. Ein Benutzer kann entweder immer auf denselben oder auf einen in einem Desktoppool enthaltenen Desktop zugreifen. Das Independent Management Architecture (IMA) Protokoll ist ein über Transmission Control Protocol/Internet Protocol (TCP/IP) kommunizierender Dienst zwischen den IMA Komponenten. Es sorgt für den reibungslosen Informationsaustausch und kann auch über Wide Area Networks (WAN) betrieben werden. Anmeldeinformationen werden über den eXtensible Markup Language (XML) Dienst, der eine Schnittstelle zur IMA bildet, weitergegeben.

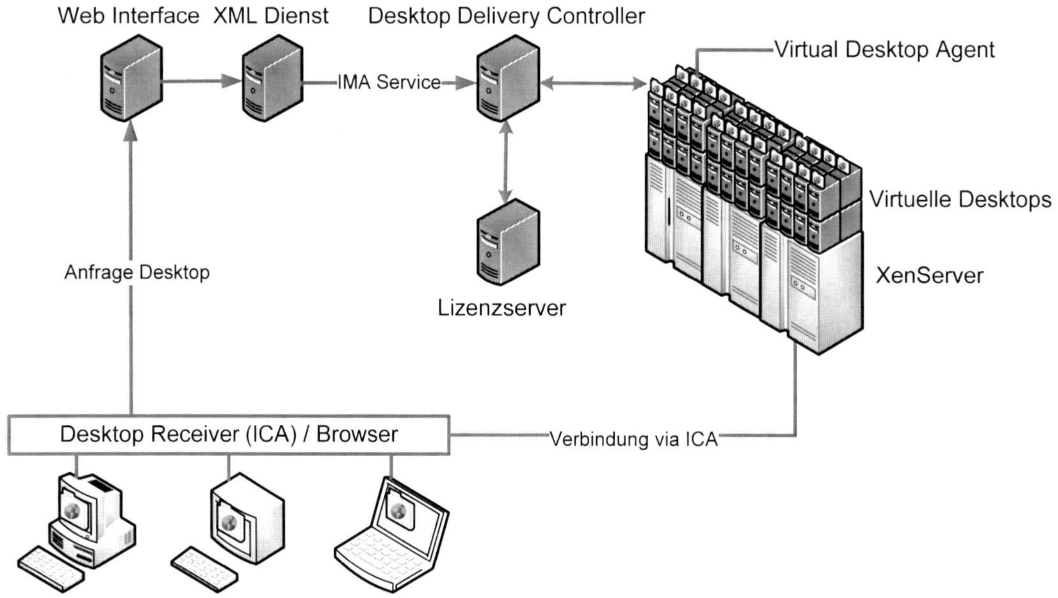

Abbildung 15: Citrix XenDesktop Funktionsweise

Quelle: vgl. CITRIX SYSTEMS INC., 2008b, S. 2

Eines der wichtigsten Alleinstellungsmerkmale der XenDesktop Lösung ist die Möglichkeit, die virtuelle Maschine on the fly über den Provisioning Server zu erzeugen. Hierbei wird das gesamte Betriebssystem beim Starten der virtuellen Maschine von einem Master-Image in die virtuelle Umgebung geladen. Updates am Betriebssystem müssen bei dieser Vorgehensweise nur einmalig am Basis-Image vorgenommen werden (vgl. CITRIX SYSTEMS INC., 2008b, S. 2f.).

XenDesktop wird in den Versionen VDI-Edition, Enterprise und Platinum mit unterschiedlichem Funktionsumfang angeboten. Darüber hinaus wird eine kostenlose Express Edition angeboten, welche jedoch die Anzahl der Benutzer auf 10 begrenzt.

3.3 Microsoft

Die Firma Microsoft Corporation wurde 1975 in Albuquerque, New Mexico, von Bill Gates und Paul Allen gegründet und ist einer der führenden Softwarehersteller der Welt. Microsoft beschäftigt derzeit ca. 91.000 Mitarbeiter in 108 Ländern (vgl. MICROSOFT CORPORATION, 2009a).

Der Einstieg von Microsoft in die x86 basierte Virtualisierung begann mit der Ankündigung der Übernahme der Firma Connectix im Februar 2003 (vgl. BODDENBERG, 2005, S. 427). Mit den Produkten Virtual PC (VPC) und Virtual Server kaufte Microsoft zwei hostbasierte Virtualisierungsprodukte mit einem Hypervisor Typ 2. In den folgenden Jahren wurden beide Produkte weiterentwickelt und für Anwender kostenlos zur Verfügung gestellt. Aus Virtual Server wurde schlussendlich der in Windows Server 2008 enthaltene Typ 1 Hypervisor Hyper-V entwickelt.

3.3.1 Hyper-V

Mit Windows Server 2008 wurde erstmals der neue Hypervisor Typ 1 von Microsoft vorgestellt. Hyper-V war zu diesem Zeitpunkt aufgrund fehlender Funktionalitäten zu Produkten aus dem Hause VMware nicht wirklich konkurrenzfähig. Mit der aktuellen Version von Microsoft Windows Server 2008 R2 (WS2008R2) wurde die zweite Version von Hyper-V auf den Markt gebracht. Erstmalig wurden mit diesem Release Enterprise Funktionalitäten wie Live Migration, erweitertes Speichermanagement und erweitertes Prozessormanagement integriert.

Live Migration, also dass Verschieben einer virtuellen Maschine von einem Host auf einen anderen im laufenden Betrieb, stellt hierbei sicherlich die primäre Funktionalitätserweiterung dar (vgl. KELBLEY u.a., 2009, S. 287).

Obwohl Hyper-V auch auf Paravirtualisierungstechnik basiert, sind noch nicht alle Features, welche VMware ESX/vSphere bietet, enthalten. Man kann jedoch sagen, dass der aktuelle Funktionsumfang den Anforderungen moderner Enterprise Rechenzentren entspricht.

Windows Server 2008 R2 in den Versionen Standard, Enterprise und Datacenter bezeichnen die kostenpflichtigen Server Produkte von Microsoft. Jede dieser Versionen ermöglicht die Installation einer Hyper-V Rolle sowie mindestens einer weiteren Instanz von Windows Server 2008. Die Standard Edition erlaubt die Installation von einer Root Partition, welche zum Managen des Hypervisors benutzt wird, sowie einer weiteren Lizenz für die virtuelle Instanz von Windows Server 2008 Standard Edition. Darüber hinaus können beliebig viele Instanzen verschiedener Betriebssysteme (z.B. Linux) installiert und verwaltet werden. Die Enterprise Edition verfügt neben der Root Partition über vier weitere virtuelle Serverlizenzen. Bei der Datacenter Version sind die Anzahl der Windows Server Instanzen nur durch die Limitierung der Serverhardware vorhanden. Lizenzrechtlich kann der Kunde beliebig viele Instanzen von Windows Server installieren und verwalten(vgl. MICROSOFT CORPORATION, 2009b).

Wie bei VMware vSphere und XenServer gibt es auch bei Microsoft einen kostenlosen Hypervisor. Der Hyper-V Server 2008 R2 verfügt über eine reine Core Installation (vgl. MICROSOFT CORPORATION, 2009c). Der Funktionsumfang entspricht hier der Core Installation aus der Windows Server 2008 R2 Enterprise Edition. Funktionalitäten wie z.B. Live Migration sind hierbei enthalten.

Für die Installation des Microsoft Hypervisors gibt es drei Voraussetzungen. Zum einen ist der Hypervisor nur auf x64 basierter Hardware, also 64 Bit Prozessoren, lauffähig. Darüber hinaus müssen die Prozessoren die hardwarebasierte Virtualisierungsoption enthalten, wozu z.B. die Intel-VT oder AMD-V Prozessorfamilien zählen. Letztendlich muss die hardware-seitige Datenausführungsverhinderung verfügbar und aktiviert sein (vgl. MICROSOFT CORPORATION, 2009d).

Die Hyper-V Architektur isoliert auf Basis des Hypervisors einzelne Partitionen, welche für die Ausführung unterschiedlicher Betriebssysteme genutzt werden können. Es wird hierbei zwischen der Root und Child Partition unterschieden, wobei Erstere eine zwingende Installation von Windows Server 2008 64 Bit erfordert (vgl. MICROSOFT CORPORATION, 2009e). Der Hypervisor wird ohne hardwarespezifische Treiber installiert und minimiert die Angriffsfläche sowohl für den Hypervisor selber als auch für die virtualisierten Instanzen. Die Ausführung des Hypervisors erfolgt in Ring -1 des Prozessors und hat exklusive Rechte auf die physischen Ressourcen der Hardware. Die Verwaltung des Hypervisors wird einzig und allein von der Root Partition übernommen.

Das auf der Root Partition installierte Betriebssystem stellt die zur Virtualisierung benötigten Komponenten zur Verfügung. Hierzu zählt u.a. der Virtual Machine Bus (VMBus), welcher für die Kommunikation zwischen den Partitionen verantwortlich ist (vgl. SCHÄFER, 2009, S. 48). Der über diesen Bus kommunizierende Virtual Service Provider (VSP) gewährt allen Child Partitionen Zugriff auf die Independent Hardware Vendor (IHV) Treiber der Root Partition. Auf Seiten der Child Partitionen ist der Virtual Service Client (VSC) für diese Anfragen zuständig (vgl. MICROSOFT CORPORATION, 2009f). Der VMBus ist also für die Geräteenumeration aller virtuellen Child Partitionen verantwortlich. Kernel, VMBus, IHV Treiber, VSP und VSC laufen im Kernel-Mode der Hyper-V Architektur.

Der VSC ist eine spezialisierte virtualisierungsfähige Implementierung auf höchster Ebene. Er beinhaltet ein spezielles Virtualisierungsfeature (Intelligent I/O), welches für ein- und ausgabeintensive Geräte wie z.B. Speicher, Netzwerkkarte und Grafikkarte etc. genutzt werden kann (vgl. MICROSOFT CORPORATION, 2009f). Durch den VSC wird der VMBus direkt genutzt und jede Geräteemulation umgangen. Dadurch wird die Kommunikation der Gäste schneller und effizienter.

Bei der Child Partition ist die Installation sogenannter Integrationskomponenten notwendig (vgl. MICROSOFT CORPORATION, 2008a). Diese Komponenten stehen derzeit nur für die gängigen Betriebssysteme (z.B. Windows und Linux) zur Verfügung, für alle anderen wird die langsamere Geräteemulation genutzt (Non Hypervisor Aware OS) und das Betriebssystem arbeitet mit sogenannten Intercept Aufrufen.

Innerhalb des User-Mode regelt der Virtual Machine Worker Process (VMWP) die verfügbaren Ressourcen einzelner virtueller Maschinen. Er definiert z.B., wie viel Hauptspeicher einer jeden Child Partition zugewiesen wird. Der Virtual Machine Management Service (VMMS) verwaltet den Status der virtuellen Maschinen. Hierzu zählen z.B. die Stati AN, AUS, oder PAUSE (vgl. MICROSOFT CORPORATION, 2009e).

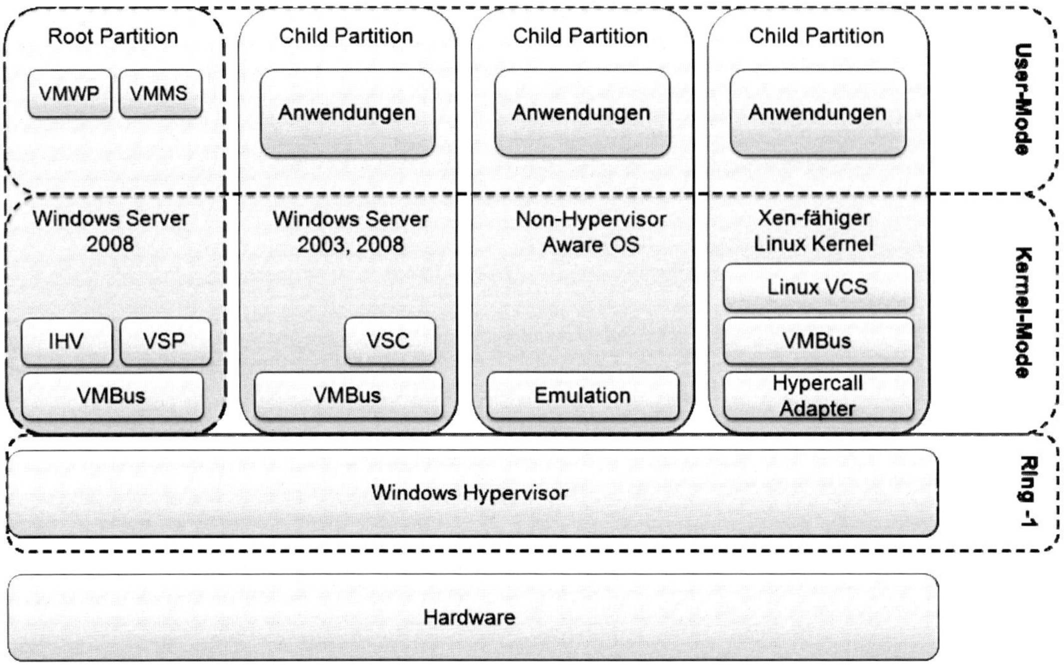

Abbildung 16: Hyper-V Architektur

Quelle: vgl. MICROSOFT CORPORATION, 2007

Zum Managen von Hyper-V stehen zwei Microsoft Tools zur Verfügung. Zum einen der kostenlose Hyper-V Manager, welcher in den Remote Server Administration Tools enthalten ist und zum anderen der System Center Virtual Machine Manager (SCVMM).

Der Hyper-V Manager bietet Basisfunktionalitäten, wie z.B. das Erstellen von virtuellen Maschinen inkl. der Zuweisung einzelner Ressourcen oder das Verwalten der einzelnen Stati. Diese Funktionalität steht nur im Host-Modus zur Verfügung. Eine Zuweisung von Konfigurationen kann nicht auf Gruppen physikalischer Hosts erfolgen.

Zu Implementierung von Hyper-V in Enterprise Umgebungen bietet der SCVMM verschiedene Vorteile, wie z.B. die Migration von physischen zu virtuellen Maschinen (vgl. MICROSOFT CORPORATION, 2009g).

3.3.2 Virtual PC und Virtual Server

Die Produkte Virtual PC und Virtual Server von Microsoft zählen zu den Hosted Hypervisor (Typ 2) Produkten im Markt.

Die Firma Connectix entwickelte Virtual PC ursprünglich für Mac-OS-Systeme, welche die Notwendigkeit hatten, x86 Anwendungen zu nutzen. VPC war in der Lage eine komplette x86 Hardware auf einen Mac zu emulieren und somit die uneingeschränkte Nutzung von x86 Betriebssystemen und Anwendungen zu ermöglichen. Im späteren Verlauf wurde das Produkt auch für Windows zur Verfügung gestellt. Hierbei konnten z.B. Betriebssysteme wie IBM OS/2 auf einem Windows Betriebssystem in einer virtuellen Maschine installiert werden. Mit der Übernahme von Connectix durch Microsoft im Jahre 2003 wurde das Produkt jedoch nur noch auf Microsoft Betriebssystemen weiterentwickelt.

Die aktuelle Version Virtual PC 2007 ist ab dem Betriebssystem Windows XP (eXPerience) und Windows Server 2003 lauffähig und unter Windows 7 als XP-Mode in das Betriebssystem mit aufgenommen worden. Als Speicher für die virtuellen Maschinen wird, wie bei den anderen Microsoft Virtualisierungsprodukten, das Virtual Hard Disk (VHD) Format genutzt (vgl. CHAPPELL, 2008, S. 13). Die üblichen Einsatzzwecke sind hierbei vornehmlich in der Anwendungsentwicklung und für den Test von Anwendungen zu sehen (vgl. BODDENBERG, 2005, S. 427), da durch den Hosted Hypervisor Performanceverluste entstehen. Der in Windows 7 enthaltene XP-Mode dient vornehmlich der Anwendungskompatibilität älterer Anwendungen, die sonst nur bis Windows XP lauffähig wären. Durch die einfache Bedienung der Administrationskonsole stellt VPC auch eine Lösung für den privaten Einsatz dar.

VPC ist eine Lösung für die Virtualisierung von Desktopbetriebssystemen, wohingegen Virtual Server eine Lösung für die Virtualisierung von Serverbetriebssystemen ist. Auch hier wird mit seinem Hypervisor Typ 2 auf einem bestehenden Betriebssystem aufgesetzt. Durch die Möglichkeit Serverbetriebssysteme zu virtualisieren wird Virtual Server heutzutage hauptsächlich für den Test und die Entwicklung von Serveranwendungen, Serverkonsolidierung und Anwendungsmigration eingesetzt. Die Einführung und der Betrieb von Virtual Server erfordert jedoch Expertenwissen bei der Implementierung. Mit Windows Server 2008 ging das Produkt Virtual Server in Hyper-V auf, ist jedoch weiterhin kostenlos über die Microsoft Webseite verfügbar.

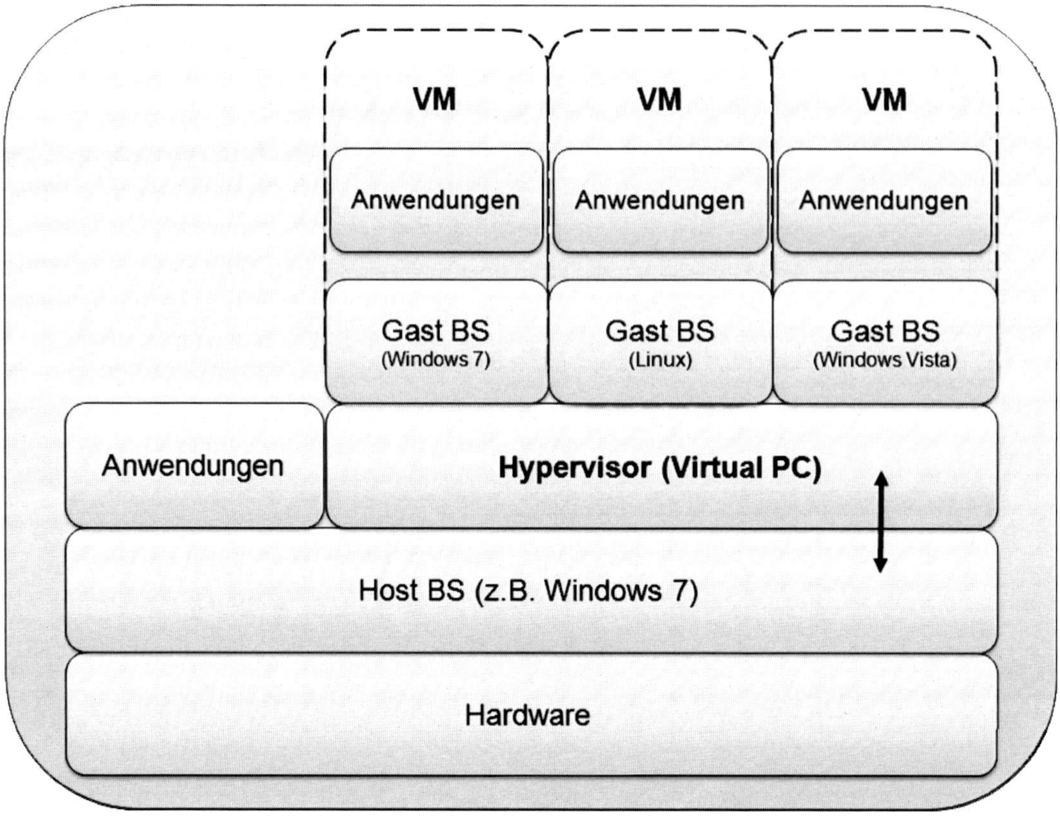

Abbildung 17: Architektur Microsoft Virtual PC
Quelle: vgl. CHAPPELL, 2008, S. 13

3.3.3 Microsoft Desktop Virtualization

Im Gegensatz zu VMware View und Citrix XenDesktop bezeichnet Microsoft Desktop Virtualization (MDV) kein eigenständiges Produkt, sondern vielmehr ein Zusammenspiel verschiedener Microsoft Technologien. Als Grundlage hierfür dient das Lizenzmodell Windows Virtual Enterprise Centralized Desktop (VECD) (vgl. MICROSOFT CORPORATION, 2008b). Dieses ist Grundlage für die virtuelle Bereitstellung von Microsoft Desktop Betriebssystemen.

Die technische Infrastruktur zur Bereitstellung der virtualisierten Desktops basiert auf der Microsoft Hyper-V Technologie. Hierbei können alle bereits beschriebenen Funktionalitäten auch für die Bereitstellung von virtuellen Desktops genutzt werden. Zusätzlich zur eigentlichen Bereitstellung kommt die Rolle Remote Desktop Virtualization Host (RDVH) hinzu. Der RDVH verwaltet entweder persönliche (nur einem Benutzer zugeordnete) oder

Gruppen von virtuellen Desktops. Das Zuweisen eines persönlichen Desktops erfolgt vom Active Directory (AD). Jede Änderung vom Benutzer in der virtuellen Maschine wird gespeichert und beim erneuten Anmelden wieder geladen. Bei Gruppendesktops (Desktoppools) wird eine Anzahl identischer Desktops zu einer Gruppe zusammengefasst. Da alle virtuellen Desktops einer Gruppe gleich sind, spielt es keine Rolle, mit welchem Desktop ein einzelner Benutzer verbunden wird (vgl. MICROSOFT CORPORATION, 2009h).

Der Remote Desktop Connection Broker (RDCB) verwaltet die vom Client zum virtuellen Desktop benötigten Verbindungen. Er ermöglicht die Lastenverteilung der Verbindungen auf verschiedene Hosts sowie den Session Reconnect von Benutzern in bestehende Sitzungen (vgl. MICROSOFT CORPORATION, 2009i).

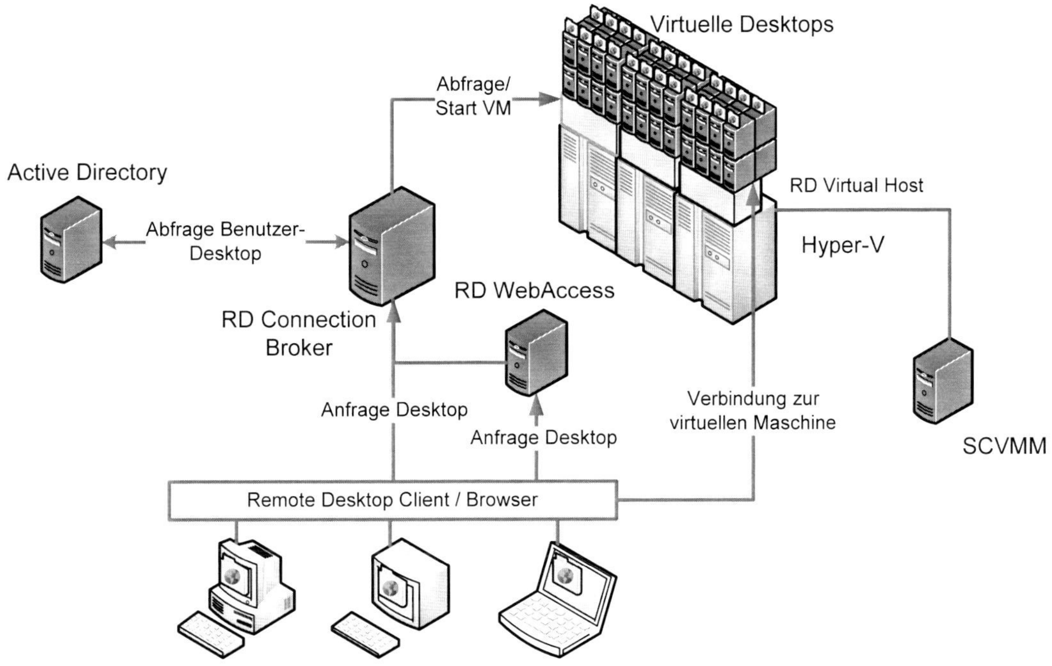

Abbildung 18: Bereitstellungsmechanismus Microsoft Desktop Virtualization
Quelle: eigene Darstellung

Das Management der Microsoft Desktop Virtualization wird über den SCVMM realisiert. Er ermöglicht die dynamische Verwaltung der virtuellen Gastsysteme. Hierzu zählen z.B. das

Herunterfahren eines nicht benutzten virtuellen Desktops und die dynamische Lastverteilung auf verschiedene Hosts (vgl. MICROSOFT CORPORATION, 2009j). Darüber hinaus bietet er die Möglichkeit, über ein Master-Image weitere Gäste in kürzester Zeit zu erstellen. Grundsätzlich ist der SCVMM keine zwingende Architekturkomponente für die Desktopbereitstellung mit Microsoft Technologien, jedoch empfiehlt es sich in größeren Umgebungen auf den Funktionsumfang und die damit einhergehende Effizienzsteigerung in der Administration und bei der Ressourcenbeanspruchung zurückzugreifen.

Das Endgerät verbindet sich über den Remote Desktop Client mit dem RDCB. Auf Basis der im AD hinterlegten benutzerspezifischen Parameter erhält der Benutzer einen persönlichen oder Gruppendesktop. Nachdem der Zieldesktop mit Hilfe des RDVH ermittelt wurde, wird geprüft, ob dieser auch verfügbar bzw. gestartet ist. Ist dies der Fall, werden die Verbindungsdetails an den lokalen Remote Desktop Client weitergegeben, welcher mittels RDP die Verbindung zum virtuellen Desktop aufbaut.

4 Produkte der Präsentationsvirtualisierung

Analog zum vorrangehenden Kapitel werden hier gängige Produkte der Präsentationsvirtualisierung vorgestellt, wobei dieselben Hersteller herangezogen werden.

4.1 Microsoft Remote Desktop Services

Die in Windows Server 2008 R2 enthaltenen Remote Desktop (RD) Komponenten erlauben es einem Endgerät, den Desktop oder die bereitgestellten Anwendungen des jeweiligen Servers remote, also aus der Ferne, zu nutzen. Für den Zugriff auf die für das Endgerät virtuellen Ressourcen wird das Remote Desktop Protocol benutzt. Mit Windows Server 2008 R2 wurden die früheren Terminal Services erstmals Microsoft Remote Desktop Services (MRDS) genannt (vgl. MICROSOFT CORPORATION, 2008c).

Die Architektur der Microsoft Remote Desktop Services lässt sich in zwei Bereiche aufteilen. Auf der einen Seite in den Clientbereich, der über den RDP Client verfügen muss und auf der anderen Seite in die Server Funktionalität RD Services. Darüber hinaus werden zur Vervollständigung des Lösungsansatzes noch weitere Rollen wie RD WebAccess, RD Lizenzserver, RD Gateway, RD Connection Broker und RD Session Host installiert.

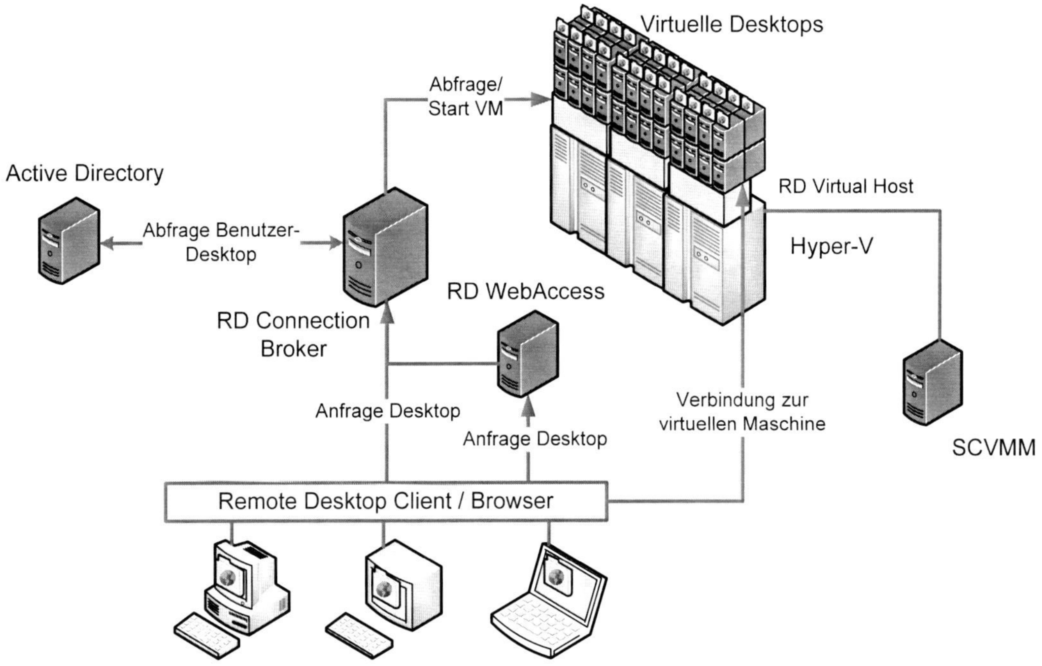

Abbildung 19: Funktionsweise Microsoft Remote Desktop Services
Quelle: vgl. MATTHEWS, 2008, S. 325

Gemäß MATTHEWS (vgl. 2008, S. 325f.) sind die Managementbestandteile der Remote Desktop Services für Windows Server 2008 der RD Manager sowie die RD Konfigurationsoberfläche. Sie ermöglichen Anzeige, Kontrolle und Termination von Benutzersitzungen und Prozessen sowie die Konfiguration der MRDS. Den zu verwaltenden Hauptdienst stellt der RD Session Host dar. Er versetzt den Server in den Anwendungsmodus und stellt die benötigte Mehrbenutzerumgebung bereit. Hierbei können dem Benutzer entweder der gesamte Desktop oder nur einzelne Anwendungen zur Verfügung gestellt werden. Das Bereitstellen von einzelnen Anwendungen übernehmen die RemoteApps. Die RD WebAccess Rolle ermöglicht den Zugriff auf Anwendungen über eine Webseite. Der hierfür benötigte Internet Information Server von Microsoft wird bei der Aktivierung der Rolle automatisch mit installiert. Die für die Nutzung der MRDS benötigten Lizenzen werden von der RD Lizenzserver Rolle übernommen. Bei jeder Anmeldung eines Benutzers an einem Terminalserver überprüft dieser beim RD Lizenzserver, ob eine MRDS Client Access License

(CAL) zur Verfügung steht. Die Lizenzierung kann entweder pro Gerät oder pro Benutzer erfolgen. Über den RD Gateway können Benutzer, welche sich außerhalb des gesicherten Local Area Network (LAN) befinden, verschlüsselt auf den Terminalserver und auf ihren Desktop oder dessen Anwendungen zugreifen. Das Verteilen von Benutzern auf verschiedene Terminalserver wird vom RD Session Broker übernommen. Er verteilt die Benutzer gleichmäßig auf die zur Verfügung stehenden Server und verbindet die Benutzer, nachdem ihre Sitzung getrennt wurde, wieder mit dem richtigen Server, der die benutzerspezifische Sitzung gehalten hat (vgl. MATTHEWS, 2008, S. 325f.).

Durch die Installation der MRDS Rolle auf einen Windows Server 2008 werden Kernkomponenten des Betriebssystems für die Benutzung im Mehrbenutzermodus hinzugefügt oder ersetzt. Von nun an sind die MRDS in der Lage, mehreren Benutzern gleichzeitig Zugriff auf den Desktop und/oder die installierten Anwendungen zu geben. Hierfür erzeugt der Server pro angemeldetem Benutzer eine virtuelle Sitzung auf dem Server. Normalerweise laufen Benutzer- und Kernel-Prozesse in einem Speicherbereich auf dem Server. Auf einem Remote Desktop Server hingegen werden die Benutzer-Prozesse pro Benutzer in unterschiedlichen isolierten Speicherbereichen ausgeführt (vgl. TRITSCH, 2003, S. 19). Der Kernel hat hierbei zu jedem Zeitpunkt die Kontrolle über die in jeder isolierten, virtuell laufenden Sitzung, ausgeführten Prozesse. Eine Sitzung wird immer dann erzeugt, sobald sich ein Benutzer an einem Terminalserver anmeldet. Hierbei erzeugen die MRDS einen eindeutigen Session-Identifier (ID) und verknüpfen alle benutzerspezifischen Prozesse sowie den benötigten Speicher mit diesem. Durch das Virtualisieren der Benutzersitzungen wird verhindert, dass eine Sitzung, in welcher ein Problem auftritt, eine andere beeinflusst.

Auf der Client Seite kommt das Remote Desktop Protocol zum Einsatz. Es ist ein auf TCP/IP aufsetzendes Netzwerkprotokoll und das einzige, welches mit Windows Server 2008 R2 standardmäßig unterstützt wird. Es ist in der Lage, Tastatureingaben und Mausbewegungen vom Endgerät zum Server und Bildschirminhalte vom Server zum Endgerät zu übermitteln. Darüber hinaus stellt es lokale Endgeräteressourcen innerhalb der Sitzung auf dem Terminalserver zur Verfügung. Hierzu zählen z.B. lokale Drucker, Festplatten oder die lokale Zwischenablage. Die Kommunikation zwischen lokalen Ressourcen und Server wird mittels virtueller Kanäle realisiert. Standardmäßig verfügt RDP über die Kanäle für Audioübermittlung, lokale Laufwerke, Drucker, serielle Schnittstellen, Smartcard und die Zwischenablage. Die Verbindungskonfiguration wird in *.RDP Dateien abgelegt. Hier wird z.B. festgelegt, welche Auflösung und Farbtiefe die Sitzung benutzt oder auch welche lokalen

Ressourcen letztendlich in der Sitzung zur Verfügung stehen sollen (vgl. MADDEN und OGLESBY, 2004, S. 25f.).

4.2 Citrix XenApp

Das Produkt XenApp der Firma Citrix stellt eine Erweiterung der RD Funktionalitäten von Microsoft dar und setzt die Installation und Lizensierung der MRDS als zwingend gegeben voraus. Weitere Komponenten der Microsoft Terminalserver Lösung sind nicht erforderlich, sondern werden durch eigene Dienste bzw. Funktionalitäten ersetzt.

Neben den eigentlichen Anwendungsservern stellen die IMA Komponenten das Kernstück der Lösung dar. Bestandteil der IMA sind der Datenspeicher, der Datensammelpunkt, der Local Host Cache (LHC) und das IMA Protokoll (vgl. CITRIX PRODUCT DEVELOPMENT TEAM, 2008, S. 36). Im Datenspeicher werden alle statischen Basisinformationen, wie z.B. veröffentlichte Anwendungen, Lastenverteilungsparamenter, Druckereinstellungen oder auch die Sicherheitsregeln gespeichert.

Eine lokale Kopie des Datenspeichers befindet sich auf jedem Anwendungsserver in Form des LHC. Dies gewährleistet, dass bei Nichtverfügbarkeit des Datenspeichers die Anwendungsserver weiter Desktops und Anwendungen mit den dahinter liegenden Sicherheitsrichtlinien bereitstellen können. Darüber hinaus reduziert der LHC die Datenkommunikation von Anwendungsserver und Datenspeicher. Anstatt die Konfiguration und Berechtigung online beim Datenspeicher abzufragen, nutzt er hierfür seinen lokalen Cache (vgl. HOOVER und TOOLEY, 2009, S. 10).

Sich häufig ändernde Informationen, wie die Anzahl der Sitzungen pro Server, die in Anspruch genommenen Ressourcen oder die Lizenznutzung werden von den Datensammelpunkten verwaltet (vgl. AZAD, 2008, S. 183). Sie sammeln diese Informationen von allen Anwendungsservern ihrer Zone. Eine Zone ist eine nach Subnetz oder anderen Kriterien zusammengefasste Anzahl von Anwendungsservern, wobei jede Citrix Serverfarm zwingend eine Zone voraussetzt. Pro Zone muss es ebenso zwingend einen Datensammelpunkt geben, welcher üblicherweise der erste Server einer Zone ist und sich mit Datensammelpunkten anderer Zonen austauscht. Sollte ein Datensammelpunkt ausfallen, so übernimmt ein anderer Server der Farm seine Rolle.

Neben den Kernkomponenten des IMA gibt es noch weitere Server innerhalb der XenApp Lösung. Das Web Interface stellt den zentralen Zugriffspunkt für Benutzer und deren zur Verfügung stehenden Anwendungen oder Desktops dar. Der Zugriff durch den Benutzer erfolgt entweder über ein lokal auf dem Client installiertes Plug-in oder über eine Webseite. Bei einer Benutzeranmeldung werden die Anmeldeinformationen an den XenApp XML Dienst bzw. an den XML Broker weitergegeben. Dieser ermittelt die für den Benutzer zur Verfügung stehenden Anwendungen oder Desktops und prüft beim Starten, welcher Server die optimale Performance bietet. Der XML Dienst stellt die Schnittstelle zur IMA dar und versorgt den Broker mit den relevanten Informationen (vgl. Citrix Systems Inc., 2009c).

Die Verwaltung der Lizenzen wird vom Lizenzserver übernommen. Im Gegensatz zu vielen anderen Softwareprodukten wird hier nach Anzahl der aktiven Benutzer lizenziert (Concurrent User Model). Da die Nutzung von XenApp auf Teile der MRDS aufsetzt, müssen die MRDS CALs mit lizenziert werden. XenApp steht in den verschiedenen Versionen Fundamentals, Advanced, Enterprise und Platinum mit unterschiedlichem Funktionsumfang zur Verfügung.

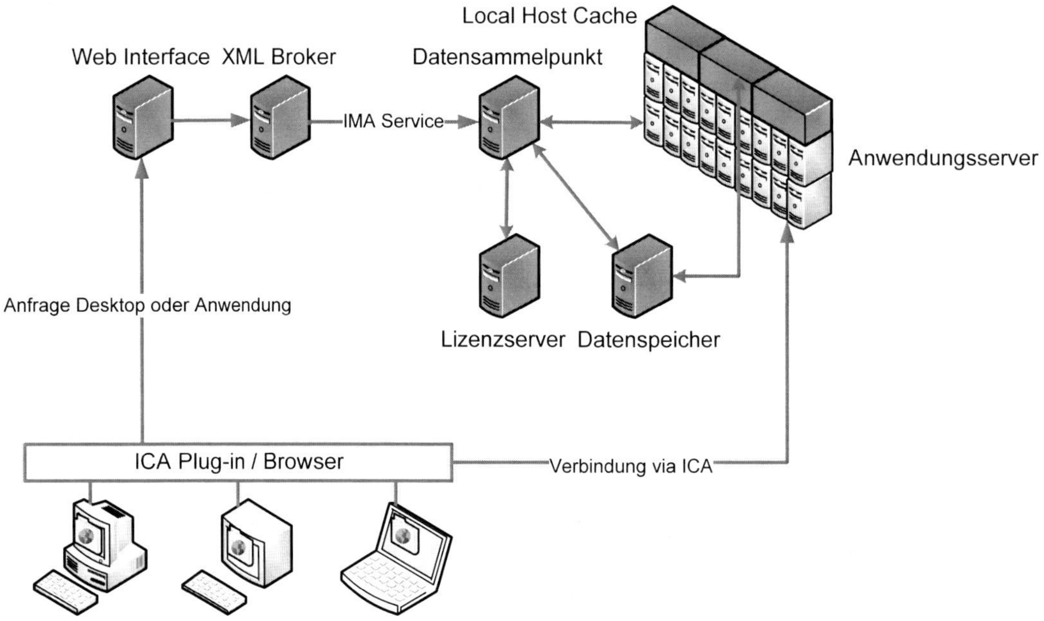

Abbildung 20: XenApp Funktionsweise

Quelle: vgl. Citrix Product Development Team, 2008, S. 46 – eigene Ergänzungen

Bei der Kommunikation zwischen Client und Server kommt das ICA Protokoll zum Einsatz. Es übermittelt genauso wie das RDP von Microsoft Tastatureingaben und Mausbewegungen vom Client zum XenApp Server und den Bildschirminhalt vom Server zum Client. Hierbei läuft das ICA Protokoll auf Basis der gängigen Netzwerkkommunikationsprotokolle wie TCP/IP oder Internetwork Packet Exchange/Sequenced Packet Exchange (IPX/SPX) (vgl. HOOVER und TOOLEY, 2009, S. 7). Für jede Art der Kommunikation erzeugt der Client einen virtuellen Kanal. Durch die höhere Kompressionsrate ist es dem ICA Protokoll möglich, selbst über niedrige Bandbreiten eine performante Darstellung zu ermöglichen. Da der ICA Client für unterschiedliche Betriebssysteme zur Verfügung steht, ist es möglich, sich z.B. von einem Mac-PC auf einen XenApp Server zu verbinden. Das ICA Protokoll arbeitet plattformunabhängig.

5 Technischer und ökonomischer Vergleich

In diesem Abschnitt des Buches erfolgt ein technischer und ökonomischer Vergleich zweier Einsatzformen der Betriebssystem- und Präsentationsvirtualisierung. Es werden hierbei die Lösungen Microsoft Desktop Virtualization und Microsoft Remote Desktop Services einander gegen-über gestellt.

5.1 Annahmen

Die Analyse wird am Beispiel der Firma „BANK AG" durchgeführt. Hierbei handelt es sich um ein regional ansässiges Bankhaus, welches ausschließlich im Bereich des Online-Bankings tätig ist. Es verfügt demnach nur über eine Hauptverwaltung ohne angebundene Filialen in der Umgebung. Das tägliche Geschäft wird ausschließlich über das Internet, den Postweg oder per Telefon abgewickelt. Derzeit beschäftigt die BANK AG 750 feste Mitarbeiter, wovon jeder mit einem PC oder Notebook ausgestattet ist.

In einem vorgelagerten Projekt wurden bereits 80% der vorhanden Infrastrukturserver mittels Microsoft Hyper-V erfolgreich virtualisiert und auf Windows Server 2008 R2 migriert. Hierzu zählen z.B. AD-Controller, File- und Print Server, Email-Server, Dynamic Host Configuration Protocol (DHCP) Server, Domain Name System (DNS) Server, Webserver und System Management Dienste des Microsoft System Centers.

Die erfolgreiche Servervirtualisierung hat dazu geführt, dass das Unternehmen auch über eine Neuausrichtung der heutigen Client/Server Architektur nachdenkt. Hierzu kommen nach erster Analyse die Technologienformen der Betriebssystem- oder Präsentationsvirtualisierung in Betracht. Von den 750 Arbeitsplätzen sollen zunächst 500 auf die neue Technologie umgestellt werden. Da die BANK AG bereits langjähriger zufriedener Microsoft Kunde ist, kommen hierbei nur die Lösungen MDV oder MRDS in Frage. Bei den vorhandenen Endgeräten wurde für die installierten Betriebssysteme keine Software Assurance mit gekauft. Da das Betriebssystem (Windows XP) nicht mehr dem Stand der Technik entspricht und die Hardware bereits 3 Jahre alt ist, entschließt sich die BANK AG unabhängig von der Entscheidung, welche Technologie sie einführt, die vorhandenen Endgeräte durch Thin Clients zu ersetzen.

Zur Implementierung beider Lösungen wird von folgenden Voraussetzungen und Anforderungen ausgegangen:

- Alle Neuanschaffungen werden zum 1.1. des Folgejahres durchgeführt und linear über die Nutzungsdauer von 3 Jahren abgeschrieben.
- Die Zielplattform für beide Lösungen ist entweder Microsoft Windows 7 oder Windows Server 2008 R2. Hierbei soll die Installation der 64 Bit Varianten möglich sein.
- Beide Lösungen werden mittels Microsoft Hyper-V virtualisiert.
- Die gesetzlichen Grundlagen für die Bank müssen eingehalten werden.
- Die Lizensierung der Microsoftprodukte erfolgte in der Vergangenheit auf Geräte- und nicht auf Benutzerbasis. An diesem Lizenzmodell soll festgehalten werden.
- Es steht ein zuverlässiges und stabiles AD zur Verfügung.
- Das Netzwerk ist mit mindestens 10 Megabit pro Sekunde vom Endgerät zum Rechenzentrum ausgestattet und hat eine Verfügbarkeit von 99,9%.
- Auf den Endgeräten laufen durchschnittlich 10 verschiedene Anwendungen, welche einen lokalen Speicherplatz von 10 Gigabyte (GB) benötigen.

5.2 Technischer Vergleich

Die Produkte MDV und MRDS basieren auf unterschiedlichen Virtualisierungstechniken, was einen Vergleich nach Funktionalität unmöglich macht. Stattdessen sollen die Motive und deren technische Umsetzung inkl. ihrer Vor- und Nachteile verglichen werden. Generelle technische Gegebenheiten bzw. Unterschiede werden den Motiven untergeordnet. Um den Vergleich zu ermöglichen, sollen beide Produkte auf Basis von Microsoft Hyper-V virtuell bereitgestellt werden.

5.2.1 Ressourcenoptimierung

Die Virtualisierung der MDV und MRDS ermöglicht eine effiziente Auslastung der zentral bereitgestellten Serverhardware.

Bei der Desktopvirtualisierung wird für jeden Benutzer ein eigener Desktop bereitgestellt und isoliert voneinander betrieben. Anwendungen werden in jeden bereitgestellten Desktop installiert und müssen jeweils mit Updates und Patches versorgt werden. Neben dem erhöhten Aufwand (Effizienzverlust) erfordert eine komplette Isolation einen höheren Anspruch an CPU und Hauptspeicher im Vergleich zu den MRDS (vgl. LIEBISCH, 2009, S. 72). Hierbei wird pro Anwendungsserver jede Anwendung nur einmal installiert und benötigt dementsprechend auch nur einen einmaligen Update- und Patchdurchlauf. Die Anwendung wird auf den MRDS nur einmal gestartet und erforderliche benutzerspezifische Einstellungen und Parameter im Benutzerprofil abgespeichert. Bei den MRDS kommt es neben der Bereitstellung auf Hyper-V basierten Hosts auch noch zu einer Ressourcenoptimierung innerhalb der virtuellen Maschine. Die Bereitstellung von 10 Anwendungen inkl. Benutzeroberfläche erfordert auf einem virtuellen Desktop mit Windows 7 die Zuweisung von mindestens 2 GB Hauptspeicher sowie zwei virtuellen CPU Kernen (vgl. MICROSOFT CORPORATION, 2009k). Der Speicherbedarf für Anwendungen liegt bei 10 GB, das Betriebssystem Windows 7 erfordert weitere 20 GB, so dass sich der Gesamtspeicherbedarf auf 30 GB beläuft. Demgegenüber benötigen MRDS durch ihre Mehrbenutzer-Architektur für die Bereitstellung von z.B. 30 Remote Desktop Sitzungen inkl. der benötigten 10 Anwendungen nur 3,5 GB Hauptspeicher sowie 2 CPU Kerne und 32 GB für den Betrieb von Windows Server 2008. Für das Ablegen der benutzerspezifischen Einstellungen reichen 100 MB pro Benutzer aus. MRDS erfordern also erheblich weniger Ressourcen als der virtuell bereitgestellte individuelle Desktop, jedoch geht dies zu Lasten der Stabilität. Durch den Parallelbetrieb der Benutzer auf einem Remote Desktop Server führt ein Ausfall oder eine Fehlfunkton dazu, dass gleichzeitig 30 Benutzer nicht mehr arbeiten können. Im Gegensatz dazu führt die 1:1 Isolation des virtuellen Desktops nur zum Ausfall eines Benutzers.

Da beide Produkte mittels Hyper-V bereitgestellt werden, sorgt dies für eine hohe Auslastung der Hostsysteme und führt demnach zu einer Einsparung von Strom-, Kühlung- und Platzbedarf. Dies entspricht dem Grundsatz der Green-IT zur Reduktion des CO^2 Ausstoßes (vgl. RUNGE u.a., 2008, S. 87).

Auch bei der Kommunikationsarchitektur besteht in der Praxis die Möglichkeit zur Ressourcenoptimierung. So benötigen die MRDS z.B. nur eine IP Adresse für die Bereitstellung von mehreren Benutzerdesktops. Dies führt zur Verschlankung der IP- Adressräume und zu weniger Administrationsaufwand. Bei der MDV ist es genau umgekehrt, da durch die Verlagerung des Desktops vom Endbenutzernetz in das Rechenzentrumnetz die gleiche Anzahl an IP Adressen wie vorher benötigt wird. Ältere Netzwerkarchitekturen sehen jedoch nur einen geringen Umfang an IP Adressen im RZ Segment vor, da diese ursprünglich nur für Server oder andere zentrale Komponenten benutzt wurden. Hier kann es bei der Einführung von MDV zu einem Redesign der Netzarchitektur und somit zu Mehrkosten kommen.

5.2.2 Hardwareunabhängigkeit

Die grundsätzliche Hardwareunabhängigkeit entsteht durch die Vereinheitlichung der Hardware durch den genutzten Hypervisor von Microsoft. Zur Sicherung und Wiederherstellung müssen bei beiden Produkten nur die jeweilig genutzten VHD Dateien gesichert oder wiederhergestellt werden. Die Verfügbarkeit beider Systeme wird durch das Abspeichern der VHDs auf einem zentralen Speichersystem ermöglicht. Die durch Hyper-V bereitgestellte Möglichkeit, virtuelle Maschinen im laufenden Betrieb oder beim Hostausfall zu verschieben, ergibt sich somit für beide Produkte (vgl. KELBLEY u.a., 2009, S. 287). Ein gravierender Unterschied besteht in der Flexibilität und in der Skalierbarkeit der Lösungen. Durch die dedizierte Ressourcenkonfiguration pro Benutzer und virtueller Maschine bei der MDV kann den Anforderungen des einzelnen Benutzers besser entsprochen werden. So kann z.B. einem Benutzer, der häufig mit Excel Auswertungen durchführt oder an umfangreichen Powerpoint Präsentationen arbeitet, mehr Speicher und CPU zugeordnet werden, als dem Benutzer, der nur Email und Textverarbeitung nutzt. Diese individuelle Konfiguration ist bei den MRDS nicht möglich. Hier kann lediglich die Anzahl der gleichzeitigen Sitzungen pro Server konfiguriert werden, ein Unterschied nach Inanspruchnahme von Ressourcen erfolgt hier nicht. Dies hat zur Konsequenz, dass ein Benutzer einen gesamten Server auslastet und andere Benutzer nicht mehr arbeiten können. So entsteht ein definitiver Nachteil der MRDS, was bei der Planung der maximal zulässigen Sitzungen pro Server berücksichtigt werden muss.

Neben der Bereitstellung von kompletten Desktopsitzungen können den Benutzern über die MRDS auch einzelne Anwendungen zur Verfügung gestellt werden, wobei der Zugriff hierbei über eine Webseite erfolgt (vgl. SOSINSKY, 2008, S. 274). Diese Funktionalität erhöht die Flexibilität in Bezug auf die Architektur und den Benutzerkreis, da selbst Notebook Benutzern solche Anwendungen remote angeboten werden können.

5.2.3 Sicherheit

Sowohl MDV als auch MRDS erhöhen die Sicherheit im Unternehmen, da alle Unternehmensdaten nur noch zentral vorgehalten werden. Ein Entwenden von Daten über Wechseldatenträger ist nur sehr umständlich möglich. Bei beiden Lösungen erfolgt der Zugriff vom Endgerät auf die virtuelle Ressource mit Hilfe des Remote Desktop Protocol, wobei zur Steigerung der Sicherheit dieses in beiden Fällen verschlüsselt werden muss (vgl. MADDEN und OGLESBY, 2004, S. 370).

Bei klassischen Client/Server Architekturen kann der Zugriff von Endgeräten auf Dienste des RZ über Firewalls reglementiert werden. Dies ist mit der Virtualisierung der Desktops nun nicht mehr so einfach möglich, da sich der Desktop bereits im gleichen Netzsegment, womöglich noch auf dem gleichen Switch, wie andere RZ Server befindet. Sofern der Benutzer über lokale Administrationsrechte verfügen muss, kann er sich Programme installieren, die in der Lage sind, gesamte Netzsegmente durch wiederkehrende Anfragen auf die Ressourcen lahmzulegen. Beim Architekturaufbau gilt ein besonderes Augenmerk den erhöhten Sicherheitsanforderungen an das Netzwerkdesign. Umso enger die Sicherheitsrichtlinien für den Benutzer gefasst werden, desto stabiler läuft das System. Die Möglichkeit mit MDV nahezu alle Funktionalitäten und damit verbundene Freiheiten auszuschöpfen erfordert nicht nur erhöhte Aufmerksamkeit beim Sicherheitskonzept, sondern erhöht auch automatisch die Kosten für Problemlösung bzw. Support.

Da es sich bei den MRDS um einen Mehrbenutzerbetrieb handelt, ist es erforderlich, das alle darauf laufenden Anwendungen diesen Betrieb auch unterstützen, da es ansonsten zum Abstürzen des Systems oder zur unabsichtlichen Manipulation von Daten kommen kann (vgl. LARISCH, 2005, S. 282). Hierauf braucht beim virtuellen Desktop keine Rücksicht genommen zu werden, da die Isolation jedes einzelnen Desktops und der damit verbundene Einzelbenutzerbetrieb dies nicht erfordert. Zusätzlich zu nicht mehrbenutzerfähigen Anwendungen können auch alte 16 Bit Programme im Kompatibilitätsmodus des jeweiligen Desktops ausgeführt werden.

Der Schutz beider Produkte vor Viren oder andere bösartiger Software erfolgt nach dem gleichen Prinzip, jedoch müssen Virendefinitionen und Programmupdates bei der MDV individuell installiert werden, wohingegen bei den MRDS dieser Vorgang nur einmalig pro Server ausgeführt werden muss. Die Möglichkeit eines fehlerhaften oder unvollständigen Updates ist auf Grund der Vielzahl der virtuellen Maschinen bei der MDV höher.

5.3 Kosten-Nutzen-Analyse

Innerhalb der Investitionstheorie wird nach monetären und nichtmonetären Entscheidungskriterien unterschieden. Die Kostenanalyse stellt hierbei den quantitativen, die Nutzenanalyse den qualitativen Entscheidungswert dar. Beide Aspekte sollen in den nächsten Kapiteln beschrieben und anhand der Beispiellösung analysiert werden.

5.3.1 Kosten

Kosten bezeichnen den Werteverzehr an Sachgütern und Dienstleistungen in einer Periode, welcher in direktem Zusammenhang mit dem Betriebszweck, d.h. zur betrieblichen Leistungsbereitschaft, Leistungserstellung und Leistungsverwertung steht, auch wenn dieser nur kalkulatorisch ermittelt wird, wie z.B. kalkulatorische Zinsen oder der kalkulatorische Unternehmerlohn (vgl. SCHIERENBECK, 2008, S. 603, FANDEL, 2004, S. 18).

Auszahlungen vermindern den Zahlungsmittelbestand in einer Periode und beziehen sich auf liquide Mittel, wohingegen Ausgaben die Größen sind, die die Beschaffungswerte aller zugegangenen Sachgüter und Dienstleistungen in einer Periode darstellen (vgl. HOFFMEISTER, 2008, S. 25) und somit den Abfluss von Buch- oder Bargeld. Ausgaben werden in der Finanzrechnung erfasst. Aufwendungen werden in der Gewinn- und Verlustrechnung wiedergegeben und bezeichnen den Güter- und Dienstleistungsverzehr in einer Periode, der u.a. durch Ausgaben entsteht (vgl. GADATSCH UND MAYER, 2005, S. 258).

5.3.1.1 Modell der Total Cost of Ownership

Die Bewertung der durch den Einsatz von IT anfallenden Kosten war zum Zeitpunkt des überwiegenden Einsatzes von Großrechnern noch vergleichsweise unproblematisch. Gemäß TREBER u.a. (vgl. 2004, S. 10) betrug bei einer IT-gestützten Infrastruktur das Verhältnis von

Personal- zu Kapitalkosten 30% zu 70% und war damit transparent in der Kostenrechnung abbildbar. Mit der Entwicklung von der Mainframe/Host hin zur Client/Server Architektur und der damit verbundenen Dezentralisierung stiegen die IT-Kosten in den Unternehmen um ein Vielfaches an. Der Austausch der teuren Großrechner gegen den flächendeckenden Einsatz der in der Anschaffung immer günstiger werdenden PCs sollte erwartungsgemäß die Gesamtkosten aufrechterhalten oder sogar absenken (vgl. TREBER u.a., 2004, S. 11). Da jedoch die erhöhten Personalkosten im Sinne von steigenden Administrations- und Wartungskosten zunächst nicht richtig eingeschätzt wurden, wurden die höheren Gesamtkosten einer IT-Infrastruktur immer undurchsichtiger und somit für das Controlling kaum noch zu bewerten.

Vor diesem Hintergrund erregte die 1987 von dem IT-Analysten Gartner Group (seit 2001 umbenannt in Gartner) veröffentlichte Studie zur Bestimmung der Kosten eines PC-Arbeitsplatzes großes Aufsehen. In dieser Studie stellten die Autoren fest, dass die Anschaffungskosten (Hard- und Software) nur bei ca. 20% der Gesamtkosten eines PCs liegen (vgl. STAHLKNECHT UND HASENKAMP, 2004, S. 473). Dieses von Bill Kirwin begründete sogenannte Total Cost of Ownership (TCO)-Modell wurde in den 1990er Jahren auf andere Bereiche der IuK ausgedehnt.

Gemäß PIETSCH (2003, S. 149) steht der Begriff TCO „[...] für die Gesamtkosten, die ein Arbeitsmittel zur Informationsverarbeitung und Kommunikation über seinen gesamten Lebenszyklus von der Planung bis zur Entsorgung verbraucht." Diese Definition wird bis heute aufrechterhalten und um eine Zweckmäßigkeit erweitert: „Total Costs of Ownership sind ein Gestaltungsaspekt während der Phase der Produktentwicklung; mit ihnen wird versucht, die Bestimmungsgründe der Kaufentscheidung des Kunden nachzuvollziehen und zu beeinflussen." (GABLER WIRTSCHAFTSLEXIKON, 2009b).

Die Firma Gartner, welche seit ihrer Gründung 1979 Unternehmen bezüglich des Einsatzes von Informationstechnologien berät, entwickelt bis heute fortlaufend neue Modelle zur Betrachtung der Infrastrukturkosten von Informationssystemen und ist einer der führenden Anbieter dieser Produkte am Markt. Weitere IT-Analysten entwickelten zum Teil deutlich divergierende Modelle zur Kostenbetrachtung, hierunter Forrester Research (ab 2003 zusammen mit der Giga Information Group), International Data Corporation und die Meta Group. Auch aus den Kreisen der IT-Anbieter wurden zahlreiche Studien zum Thema TCO in

Auftrag gegeben oder selbständig durchgeführt, insbesondere Microsoft ist hier zu nennen (vgl. GARTNER, 1997).

Durch den unterschiedlichen Aufbau der gängigen TCO-Modelle ist ein Vergleich der Ergebnisse untereinander kaum möglich (vgl. SCHULZE, 2002). Nur die Anpassung der einzelnen Faktoren an unternehmensspezifische Strukturen erlaubt den Einsatz einer TCO-Analyse als Controlling-Instrument zur Bewertung der Gesamtkosten einer IT-Infrastruktur. Grundgedanke aller Modelle ist die transparente Abbildung IT-spezifischer Gesamtkosten durch systematische Ermittlung und Analyse (vgl. WILD und HERGES, 2000, S. 8 + 27).

Da das TCO-Modell „Distributed Computing Chart of Accounts" von Gartner eines der prominentesten Modelle ist und in der Praxis überwiegend eingesetzt wird (vgl. WILD und HERGES, 2000, S. 4; TREBER u.a., 2004, S. 22 + 41; WENDLER, 2004, S. 19), wird nachfolgend der Aufbau einer TCO-Analyse anhand dieses Modells erläutert.

Bei den zu bewertenden Kosten für IT und Informationssysteme wird in Anlehnung an Gartner zwischen direkten und indirekten Kosten unterschieden (vgl. GARTNER, 2003, S. 4-25). Bei den direkten Kosten handelt es sich um im Vorhinein budgetierbare Größen wie den Werteverzehr der Investitionsauszahlung, Lizenzgebühren oder die zum Betrieb notwendigen Operations- und Administrationskosten. Zu den indirekten Kosten, also den im Vorfeld nicht budgetierbaren Kosten, zählen die Selbsthilfe der Benutzer durch nicht erfolgten oder nur unzureichenden Support der IT-Abteilung, die eigenständige Dateiablage und Pflege, das autodidaktische Erlenen der Software inkl. der Schulung von Kollegen, die Eigenentwicklung von Softwareprogrammen sowie die teilweise oder vollständige Nichtverfügbarkeit des Systems (Downtime) (vgl. TREBER u.a., 2004, S. 26-30; WENDLER, 2004, S. 19-28). Die Einbindung des Futz Factor, also die Nutzung der IT-Infrastruktur zu privaten Zwecken, war in den 1990er Jahren mit einem nicht unerheblichen Anteil den indirekten Kosten zugerechnet. Durch den wirtschaftlichen Wandel ist dieser Faktor inzwischen jedoch nur noch optional eingebunden (vgl. TREBER u.a., 2004, S. 29f.).

Während die direkten Kosten überwiegend aus den Daten der Kostenstellen gewonnen werden können, ist die Erhebung der weichen, indirekten Kosten, wesentlich aufwändiger. Da diese nicht im Rechnungswesen abgebildet werden, sind hier umfangreiche Studien, Erhebungen oder Interviews erforderlich. Der Anteil direkter zu indirekten Kosten wird mit etwa 45% zu 55% angegeben (vgl. GADATSCH und MAYER, 2005, S. 81). TCO-Analysen können heutzutage u.a. auch über das Internet durch Eingabe der unternehmensspezifischen Daten in ein Berechnungstool durchgeführt werden (z.B. www.tcotool.org).

Tabelle 1: Direkte und indirekte Kosten

Direkte Kosten	Hardware	Erwerb und Leasing
		Erweitcrungen
		Zubehör
		Reserven
	Software	Betriebssysteme und sonstige Anwendungen
		Kollaboration
		Datenbanken, Managementumgebung
		Geschäfts- und Planungsanwendungen
		Personalisierbare Anwendungen
	Serviceleistungen	Planungs- und Prozessmanagement
		1st Level Support
		Datenbank-Management und -Administration
		Technische Services
	Administration	Budgetplanung und -management
		Endbenutzertraining
		Administrator-Training
Indirekte Kosten		Kollegensupport
		Datei- und Datenmanagement
		Autodidaktisches Lernen
		Teilnahme an Weiterbildung
		Anwendungsentwicklung
		Downtime
		Private Internetbenutzung

Quelle: vgl. GADATSCH und MAYER, 2005, S. 82, GARTNER, 2003, S. 4-25

WILD und HERGES (vgl. 2004, S. 26) heben ebenso wie TREBER u.a. (vgl. 2004, S. 18 + 39) vor allem zwei positive Gesichtspunkte der TCO-Modelle hervor; zum einen die Erfassbarkeit und Kostentransparenz einer IT-Infrastruktur und zum anderen die Sensibilisierung der IT-User für die Kostenbedeutung. Das Gartner TCO-Modell ist seit langem am Markt etabliert und zählt zu den Standard-Produkten. Durch die ständige Aktualisierung ihrer sogenannten Chart of Accounts Referenzkennzahlen konnte Gartner eine breite Basis zur Datenerhebung schaffen, auf die Unternehmen zur Analyse zurückgreifen können und somit eine gewisse Vergleichbarkeit ihrer TCO erzielen können. Aus den Ergebnissen der Analyse können Rückschlüsse zu Kosteneinsparpotenzialen gezogen werden. In diesen Best Practice Katalogen werden Maßnahmen zur Reduzierung der TCO festgelegt (vgl. WILD und HERGES, 2004, S. 19).

Die größten Schwachstellen der gängigen TCO-Modelle sind der überwiegend kommerzielle Charakter und die dürftige wissenschaftliche Basis. Bei der Literaturrecherche ist nur ein geringer Anteil der verfügbaren Quellen frei zugänglich. Ein wissenschaftlich anerkannter einheitlicher Standard hat sich bis heute nicht etablieren können. Ein Vergleich der Ergebnisse etablierter Marktanbieter von TCO-Analysen bringt bei gleicher Fragestellung oft konträre Ergebnisse mit sich. (vgl. TREBER u.a., 2004, S. 41ff.). Insbesondere die indirekten Kosten sind schwer zu erheben und mit einem erheblichen Arbeitsaufwand verbunden. Auf konkrete Darstellungen der Erhebung und Methodik bei der Durchführung von TCO-Analysen, insbesondere der indirekten Kosten, wird oftmals verzichtet, Referenzkennzahlen müssen zum Teil für Geld erworben werden. Die Konzentration der TCO-Modelle auf die Bewertung der Kosten wird ebenfalls kritisch betrachtet. Qualitativer Nutzen, Erlöse und Wertzufluss durch die IT werden nicht erfasst. Ebenso berücksichtigen bisherige TCO-Modelle Zinszahlungen, Steuerabgaben und Opportunitätskosten nicht (vgl. GROB und LAHME, 2004, S. 2). Ein weiterer Kritikpunkt liegt in der betriebswirtschaftlich nicht korrekten Begriffsanwendung; in der Literatur zu TCO-Modellen wird weitestgehend nicht zwischen Kosten und Auszahlungen unterschieden und überwiegend der Kostenbegriff verwendet (vgl. WENDLER, 2004, S. 30). Streng genommen handelt es sich gemäß o.g. Definitionen bei den gängigen Beschreibungen der TCO-Modelle aber jeweils um Auszahlungen.

Die formulierten Kritikpunkte haben zu vielfachen Weiterentwicklungen und Modell-modifikationen geführt; zur Ermittlung der Rentabilität des eingesetzten Kapitals kann die TCO-Analyse beispielsweise durch eine Return-on-Investment Analyse ergänzt werden (vgl.

COMPUTERWOCHE, 2002, S. 48f.). Strategische IT-Ziele lassen sich hingegen besser durch das Verfahren der Balanced Score Card nach Kaplan und Norton konkretisieren (vgl. PIETSCH, 2003, S. 99).

5.3.1.2 Modifizierter Kostenvergleich

In Anlehnung an die Erhebung des TCO-Modells von Gartner (vgl. GARTNER, 2001) wird nachfolgend ein Kostenvergleich beider Lösungen vorgenommen. Hierbei liegt der Schwerpunkt auf der Ermittlung der direkten Kosten, weil diese referenziert überprüfbar sind. Da die indirekten Kosten einer TCO-Analyse in erster Linie über empirische Erhebungen (Studien, Interviews etc.) ermittelt werden und somit nur sehr aufwändig zu erfassen sind (vgl. TREBER u.a., 2004, S. 13), können sie trotz ihrer Bedeutung im Rahmen dieser Untersuchung nur deskriptiv berücksichtigt werden.

Die Vergleichsrechnung wird basierend auf einer Nutzungsdauer von drei Jahren durchgeführt. Jahr 0 bezeichnet den Anschaffungszeitpunkt und gibt die dazugehörigen Anschaffungsauszahlungen (AA) an. Alle Investitionen werden über die Nutzungsdauer linear abgeschrieben und als Kosten den jeweiligen Perioden zugeordnet. Alle Dollarpreise wurden mit einem Umrechnungskurs von 1€ = 1,5$ in Euro umgerechnet (vgl. Schlusskurs Dollar am 02.12.2009: 1€ = 1,5048 US$).

Kalkulatorischen Zinsen werden anhand der Durchschnittsmethode ermittelt, der Durchschnitt wird aus Anschaffungswert (A) und Liquidationserlös (L) gebildet und mit dem Zinssatz (i) multipliziert. Die Formel hierfür lautet:

$$K_z = \left(\frac{A + L}{2}\right) * \frac{i}{100}$$

(vgl. FANDEL, 2004, S. 125f.)

- **Microsoft Desktop Virtualization**

Für die Bereitstellung von virtuellen Betriebssystemen ist die Auswahl des Hosts und seiner Konfiguration von besonderer Bedeutung, da ein zu gering ausgestattetes System zu späteren Leistungseinbußen führen kann. Als Serverhardware wurde ein Dell PowerEdge 710 mit 2 CPU à 4 Kernen und 96 GB Hauptspeicher ausgewählt (vgl. DELL INC., 2008). Da pro

Benutzer oder Desktop 1/6 eines CPU Kerns (vgl. VMWARE INC., 2007c, S. 53) sowie 2 GB Hauptspeicher (vgl. MICROSOFT CORPORATION, 2009k) benötigt werden, kann ein solches System maximal 48 virtuelle Desktops hosten. Der Preis für diesen Server liegt bei 10.807,00€ (vgl. DELL INC., 2009a). Für die Bereitstellung von 500 Desktops werden 11 Server sowie ein Ausfallsystem benötigt. Die hieraus ermittelten Gesamtanschaffungskosten belaufen sich auf 129.684,00€. Die Kapazitäten der 11 Hostsysteme reichen aus, um Lizenzserver, RDVH und RD Connection Broker auf einem zusätzlichen Windows Server 2008 R2 virtuell zur Verfügung zu stellen.

Die zusätzlichen Server werden in einen Serverschrank (Rack) verbaut und im RZ der Bank aufgestellt. Das Rack umfasst 42 Höheneinheiten (HE) und bietet den 12 Servern (2 HE/ Server) problemlos Platz. Der Preis für ein Dell PowerEdge 4220 Rack liegt bei ca. 1.680,00€ (vgl. DELL INC., 2009b).

Die einzelnen VHDs der virtuellen Maschinen werden auf einem SAN abgelegt. Der Zugriff wird aus Redundanzgründen über zwei Host Bus Adapter (HBA) pro Server realisiert. Die Schnittstelle zum SAN stellt ein zusätzlich anzuschaffender Switch dar. Der Switch verfügt über 24 Ports, so dass 12 Server darüber mit dem SAN kommunizieren können und kostet 4.000€. Der Preis pro HBA liegt bei 833,33€, was bei 24 anzuschaffenden Stück zu einer Anfangsauszahlung von 19.999,92€ führt (vgl. VMWARE INC., 2007c, S. 54).

Neben den Verbindungskosten wird der SAN Speicher für 3,33€ pro GB angeschafft (vgl. VMWARE INC., 2007c, S. 54). Pro Desktop werden 20 GB für das Betriebssystem Windows 7 (vgl. MICROSOFT CORPORATION, 2009k) sowie 10 GB für die zu installierenden Anwendungen benötigt. Hieraus ergibt sich ein Speichbedarf von 15 Terabyte (TB) auf dem SAN. Die Kosten hierfür belaufen sich auf 49.950,00€ pro Jahr (Rechnung: 15.000 GB * 3,33€/GB = 49.950,00€).

Da die genutzten Anwendungen bereits lizensiert sind, können diese bei der Betrachtung der Lizenzkosten außen vorbleiben. Für die Bereitstellung eines virtuellen Desktops wird eine Virtual Enterprise Centralized Desktop Lizenz benötigt. Da die anzuschaffenden Thin Clients über kein Betriebssystem mit Software Assurance (SA) verfügen, kostet die Lizenz pro Endgerät und Jahr 73,33€ anstatt mit SA 15,33€ (vgl. MICROSOFT CORPORATION, 2009l). Die VECD Lizenz berechtigt jedoch nur zum virtuellen Betrieb des Betriebssystems und nicht zum Management. Hierfür wird die Microsoft VDI Suite in der Standard Edition hinzugefügt. Der Preis pro Endgerät liegt bei ca. 14,00€ (telefonische Auskunft Microsoft Deutschland vom 01.12.2009) pro Jahr. Für die VECD bzw. VDI Suite Lizenzen ergeben sich hieraus jährliche Lizenzkosten von 36.665,00€ bzw. 7.000,00€.

Da Lizenzserver, RDVH und RD Connection Broker auf einem Windows Server 2008 R2 laufen, entstehen weitere Lizenzkosten in Höhe von 479,33€ (vgl. MICROSOFT CORPORATION, 2009m).

Neben den aus Anschaffungsauszahlungen resultierenden Abschreibungen und den monatlich anfallenden Speicherkosten werden von der BANK AG noch kalkulatorische Kosten für Strom, Zins und Miete berechnet.

Für die Berechnung der Stromkosten in Höhe von 5.304,36€ pro Jahr legt die BANK AG folgende Berechnung zu Grunde: Betriebsdauer des Servers pro Jahr in Stunden * Ausgangsleistung in Watt pro Server/1000 * Strompreis in Kilowatt pro Stunde * Anzahl der Server (Rechnung: 365 Tage * 24 Stunden * 870 Watt/1000 * 0,058€ * 12 Server = 5.304,36€).

Die kalkulatorischen (kalk.) Zinsen werden mit Hilfe der Durchschnittsmethode pro Jahr auf 12.318,84€ berechnet. Liquidationserlöse werden nicht berücksichtig, der kalk. Zinssatz wird mit 6% festgesetzt.

Aus der Kostenrechnung errechnet sich ein Quadratmeterpreis im RZ von 11.212,41€ (vgl. MICROSOFT CORPORATION, 2009n). Hierin enthalten sind alle Kosten des RZ, die sich nicht einem Gerät direkt zuordnen lassen. Für den Platzbedarf des Racks von 0,56m² werden 6.278,95€ pro Jahr ermittelt (vgl. MICROSOFT CORPORATION, 2009n).

Die Gesamtkosten für die BANK AG zur Einführung der MDV belaufen sich analog zur folgenden Aufstellung für den anvisierten Zeitraum von 3 Jahren auf 408.494,66€, dies entspricht Kosten von 816,99€ pro Benutzer.

Tabelle 2: Kosten Microsoft Desktop Virtualization

Microsoft Desktop Virtualization				
Kosten	**Jahr 0 (AA)**	**Jahr 1**	**Jahr 2**	**Jahr 3**
Server Hardware Kosten	129.684,00 €	43.228,00 €	43.228,00 €	43.228,00 €
Server Rack Kosten	1.680,00 €	560,00 €	560,00 €	560,00 €
Server HBA	19.999,92 €	6.666,64 €	6.666,64 €	6.666,64 €
SAN Switch	4.000,00 €	1.333,33 €	1.333,33 €	1.333,33 €
SAN Speicher	49.950,00 €	16.650,00 €	16.650,00 €	16.650,00 €
MS VECD Lizenzen		36.665,00 €	36.665,00 €	36.665,00 €
MS VDI Standard Suite		7.000,00 €	7.000,00 €	7.000,00 €
MS WS2008R2	479,33 €	159,78 €	159,78 €	159,78 €
Summe Auszahlungen	**205.313.92 €**	**43.665,00 €**	**43.665,00 €**	**43.665,00 €**
Summe Kosten		**112.262,75 €**	**112.262,75 €**	**112.262,75 €**
Kalkulatorische Kosten				
Stromverbrauch Server		5.304,36 €	5.304,36 €	5.304,36 €
Zins		12.318,84 €	12.318,84 €	12.318,84 €
Miete		6.278,95 €	6.278,95 €	6.278,95 €
Summe kalk. Kosten		**23.902,14 €**	**23.902,14 €**	**23.902,14 €**
Gesamtkosten		**136.164,89 €**	**136.164,89 €**	**136.164,89 €**
			Projektkosten	**408.494,66 €**

Quelle: eigene Daten

- **Microsoft Remote Desktop Server**

Aufgrund des Mehrbenutzerbetriebs bei den MRDS ergeben sich andere Werte bei der Serveranzahl und Konfiguration. Virtuelle MRDS werden marktüblich mit 3,5 GB Hauptspeicher und zwei zugewiesenen CPU Kernen konfiguriert. Bei insgesamt 8 Kernen können maximal 4 RD Anwendungsserver gleichzeitig auf einem Host betrieben werden. Der Speicherbedarf der Maschine sinkt im Vergleich zur MDV auf nur 16 GB. Hierdurch sinken die Hardwarekosten bei gleichem Modell auf 2.950,00€. Diese Konfiguration erlaubt den gleichzeitigen Betrieb von 30 Benutzersitzungen pro Server, ohne dass bei durchschnittlichem Benutzerverhalten mit Leistungseinbußen zu rechnen ist. Bei 500 Benutzern ergibt sich eine Gesamtserverzahl von 17 virtuellen Servern bzw. 5 physischen Hosts. Da die 5 Maschinen nicht vollständig ausgelastet sind, kann ein weiterer Server für Lizenz- und RD Session Broker Dienst virtuell zur Verfügung gestellt werden. Aus Ausfallgründen und der daraus resultierenden Überlast pro Server wir ein weiterer Host mit in die Kalkulation aufgenommen. Die Gesamtkosten belaufen sich bei 6 Servern auf 17.700,00€.

Die zusätzlichen 6 Server können ebenfalls problemlos in einem 42 HE Rack untergebracht werden, so dass auch hier Anschaffungsauszahlungen von 1.680,00€ entstehen.

Durch die gesunkene Anzahl an Hostsystemen verringert sich auch der Bedarf an HBAs. Die 6 Server benötigen insgesamt 12 Adapter und führen somit zu Anschaffungsauszahlungen von 9.999,96€. Die Kosten für den Switch bleiben hierbei identisch.

Für die Basisinstallation von Windows Server 2008 R2 inkl. der benötigten Serverrollen und Anwendungen werden 32 GB pro virtuellen Server (vgl. MICROSOFT CORPORATION, 2009o), 10 GB für die Anwendungen sowie 100 MB pro Benutzerprofil kalkuliert. Dies ergibt eine Datenmenge von 92 GB pro Server und 1.564 GB für alle 17 virtuellen MRDS. Zusätzlich hierzu werden noch 32 GB für den Lizenz- und RD Session Broker benötigt. Die Berechnung der Gesamtkosten lautet dementsprechend: (1564 GB + 32 GB) * 3,33€/GB = 5.314,68€.

Bei den notwendigen Lizenzen wird zwischen Serverlizenzen und Zugriffslizenzen unterschieden. Zur Ermittlung der günstigsten Serverlizenz sind die unter Punkt 3.3.1 genannten Lizenzeigenschaften von Windows Server 2008 R2 zu berücksichtigen. Hierbei stellt sich die Frage, welche Edition (Standard, Enterprise, oder Datacenter) für die BANK AG die günstigste Alternative darstellt. Der Microsoft Server Calculator ermittelt bei 4 virtuellen

Maschinen pro Host folgende Lizenzmenge mit den jeweiligen Preisen (vgl. MICROSOFT CORPORATION, 2009m).

Tabelle 3: Windows Server 2008 R2 Lizenzkosten

Edition	Anzahl	Preis/Stück	Modell	Gesamtpreis
Standard	5	479,33 €	Pro Server	2.396,65 €
Enterprise	1	1.556,00 €	Pro Server	1.556,00 €
Datacenter	2	1.587,33 €	Pro Prozessor	3.174,66 €

Quelle: vgl. MICROSOFT CORPORATION, 2009m – in Euro

Für das ermittelte Vorhaben stellt die Enterprise Edition des Windows Server 2008 R2 die kostengünstigste Alternative dar und wird zur Ermittlung der Serverlizenzkosten mit der Anzahl der Hostsysteme multipliziert. Die gesamten Serverlizenzkosten belaufen sich auf 9.336,00€.

Neben den Serverlizenzen werden noch Zugriffslizenzen zur Nutzung der MRDS benötigt. Für die 500 Endgeräte müssen 500 Gerätelizenzen angeschafft werden, wobei der Preis pro Lizenz bei 99,87€ liegt (vgl. MICROSOFT CORPORATION, 2009n). Hieraus ergeben sich Zugriffslizenzkosten von 49.935,00€.

Die kalk. Kosten für Strom, Zins und Miete werden analog zur MDV-Variante berechnet und ergeben 2.652,18€ für Strom, 5.877,94€ für die kalkulatorischen Zinsen und 6.278,95€ an Miete pro Jahr.

Zur Einführung von MRDS belaufen sich gemäß Tabelle 4 die Gesamtkosten für 3 Jahre auf 142.392,83€, dies entspricht Kosten von 284,79€ pro Benutzer.

Tabelle 4: Kosten Microsoft Remote Desktop Services

Microsoft Remote Desktop Services				
Kosten	**Jahr 0 (AA)**	**Jahr 1**	**Jahr 2**	**Jahr 3**
Server Hardware Kosten	17.700,00 €	5.900,00 €	5.900,00 €	5.900,00 €
Server Rack Kosten	1.680,00 €	560,00 €	560,00 €	560,00 €
Server HBA	9.999,96 €	3.333,32 €	3.333,32 €	3.333,32 €
SAN Switch	4.000,00 €	1.333,33 €	1.333,33 €	1.333,33 €
SAN Speicher	5.314,68 €	1.771,56 €	1.771,56 €	1.771,56 €
MS WS2008R2	9.336,00 €	3.112,00 €	3.112,00 €	3.112,00 €
MS RDS CAL	49.935,00 €	16.645,00 €	16.645,00 €	16.645,00 €
Summe Auszahlungen	**97.965,64 €**			
Summe Kosten		**32.655,21 €**	**32.655,21 €**	**32.655,21 €**
Kalkulatorische Kosten				
Stromverbrauch Server		2.652,18 €	2.652,18 €	2.652,18 €
Zins		5.877,94 €	5.877,94 €	5.877,94 €
Miete		6.278,95 €	6.278,95 €	6.278,95 €
Summe kalk. Kosten		**14.809,06 €**	**14.809,06 €**	**14.809,06 €**
Gesamtkosten		**47.464,28 €**	**47.464,28 €**	**47.464,28 €**
			Projektkosten	**142.392,83 €**

Quelle: eigene Daten

Da es sich bei beiden Lösungsformen um die Einführung einer neuen Technologie handelt, muss das IT-Personal des RZ in die jeweilige Lösung eingewiesen und geschult werden.

Hierbei werden pauschal für beide Szenarien 5 Schulungstage à 1.000€ veranschlagt, somit ist der Kostenaufwand mit 5.000€ identisch und wird nicht weiter berücksichtigt.

Eine Gegenüberstellung der jeweiligen Projektkosten erfolgt in Tabelle 5.

Tabelle 5: Vergleich der Handlungsalternativen

Vergleich der Handlungsalternativen		
Kosten	**MDV**	**MRDS**
Server Hardware	129.684,00 €	17.700,00 €
Server Rack	1.680,00 €	1.680,00 €
Server HBA	19.999,92 €	9.999,96 €
SAN Switch	4.000,00 €	4.000,00 €
SAN Speicher	49.950,00 €	5.314,68 €
Lizenzen	131.474,33 €	59.271,00 €
Summe Kosten	**336,788,25 €**	**97.965,64 €**
Kalkulatorische Kosten		
Stromverbrauch Server	15.913,07 €	7.956,53 €
Zinsen	36.956,51 €	17.633,82 €
Miete	18.836,84 €	18.836,84 €
Summe kalk. Kosten	**71.706,41 €**	**44.427,19 €**
Gesamtprojektkosten	**408.494,66 €**	**142.392,83 €**
Kosten pro Benutzer	**816,99 €**	**284,79 €**

Quelle: eigene Daten

Bei dem Versuch weitere direkte Kosten in die TCO-Betrachtung aufzunehmen, stellt die BANK AG fest, dass die Kostenstellenrechnung keine Auswertung nach Produkten oder Technologien vorsieht und eine adäquate Implementierung der Kosten in die TCO-Analyse verhindert.

Die benötigten Daten zur Ermittlung der indirekten Kosten werden von der BANK AG in Form einer Mitarbeiterbefragung durchgeführt und aufgrund der aufwändigen Auswertung in die jetzige Analyse nicht mit einbezogen. Ein Vergleich der Ausfallzeiten der Betriebssysteme (Downtime) ist momentan ebenfalls nicht machbar, da es diesbezügliche Datenerhebungen nur für den Windows Server 2008 gibt. Eine aktuelle Studie des IT-Analysten Experton Group beziffert die durchschnittliche Ausfallzeit von Windows Server 2008 momentan mit 150 Minuten pro Jahr (vgl. VEITH, 2009).

5.3.2 Nutzen

Nachdem durch eine TCO-Analyse Teile der direkten und indirekten Kosten nicht adäquat ermittelt werden konnten, zieht die BANK AG ein weiteres Messinstrument zur Bewertung der Handlungsalternativen hinzu. Diese sollen anhand einer Nutzwertanalyse (NWA) verglichen werden und als Ergebnis in einer Rangordnung abgebildet werden.

Der Nutzen eines Gutes oder einer Dienstleistung im ökonomischen Sinn trägt zur Befriedigung eines Bedürfnisses bei (vgl. GABLER WIRTSCHAFTSLEXIKON, 2009c). Diese Bedürfnisbefriedigung ist im Hinblick auf ein gesetztes Ziel zu betrachten. Die Bewertung eines Nutzens für den Entscheidungsträger setzt sich aus einem quantifizierbaren und einem nicht quantitativen Anteil zusammen, wobei letzter ausschließlich aus nichtmonetären Aspekten besteht (vgl. PIETSCH, 2003, S. 14).

5.3.2.1 Nutzwertanalyse

Die Nutzwertanalyse ist ein Bewertungsverfahren zur Bestimmung der optimalen Alternative bei mehrdimensionalen Zielsystemen. Bei schwer miteinander vergleichbaren qualitativen Faktoren soll die Nutzwertanalyse die bevorzugte Alternative des Entscheidungsträgers herausfiltern (vgl. HEINRICH und LEHNER, 2005, S. 380). Hierbei wird angenommen, dass der Entscheidungsträger die Alternative mit dem für ihn größten Nutzen bevorzugen wird.

ZANGEMEISTER (1976, S. 45) definiert: „Nutzwertanalyse ist die Analyse einer Menge komplexer Handlungsalternativen mit dem Zweck, die Elemente dieser Menge entsprechend den Präferenzen des Entscheidungsträgers bezüglich eines multidimensionalen Zielsystems zu ordnen. Die Abbildung dieser Ordnung erfolgt durch die Angabe der Nutzwerte (Gesamtwerte) der Alternativen."

Es gibt viele Ansätze und Bewertungsverfahren bei der Durchführung einer Nutzwertanalyse. Dieses Buch basiert auf den Durchführungsbestimmungen einer Nutzwertanalyse nach HOFFMEISTER (vgl. 2008, S. 276-308). Hierbei wird die Analyse nur auf die nichtmonetären Aspekte beschränkt. Die monetären Aspekte wurden mit Hilfe der TCO-Analyse ermittelt und verglichen.

Bei den Bewertungsverfahren der summarischen Bewertung wird eine Analyse im Hinblick auf alle Alternativen gleichzeitig durchgeführt und in einer zusammenfassenden Bewertung wiedergegeben. Die analytische Bewertung ermittelt eine Gesamtbewertung aus den Einzelbewertungen, zunächst durch Ermittlung des Zielerreichungsgrades oder Zielwertes, dann durch die die Zusammenfassung aller Zielwerte zum Nutzwert.

Die Entscheidungsfindung innerhalb der NWA resultiert aus Gestaltungs-, Ergebnis- und Beurteilungsgrößen. Gestaltungsgrößen bezeichnen die Parameter, die zur Ermittlung des Gestaltungsmodells herangezogen werden. Der Kauf eines PCs würde z.B. ein solches Gestaltungsmodell bzw. Vorhaben bezeichnen, wohingegen die Modellvariante (Tower oder Desktop) und der Hersteller die Gestaltungsgrößen darstellen. Die Kombination der Gestaltungsgrößen untereinander ermitteln die jeweiligen Handlungsalternativen. Eine sinnvolle Analyse mit Hilfe der Nutzwertmethode ist nur möglich, sofern die Anzahl der Handlungsalternativen einen überschaubaren Umfang hat.

Nach der Ermittlung der Handlungsalternativen werden die zu bewertenden Entscheidungsgrößen aufgestellt. Hierbei ist darauf zu achten, dass nur diejenigen in die Analyse aufgenommen werden, die bei allen Alternativen in unterschiedlicher einmaliger Ausprägung vorliegen und möglichst unabhängig voneinander sind (vgl. HEINRICH und LEHNER, 2005, S. 380). Durch die vorherige Formulierung einer Ergebnisgröße kann später bestimmt werden, in wieweit die ermittelten Ergebnisse den festgelegten Zielen entsprechen, da der Erfüllungsgrad einer Alternative oft nur theoretisch ermittelbar ist.

Gleichartige Ergebnisgrößen sollen zu Beurteilungsgrößen zusammengefasst werden. Tabelle 6 verdeutlicht den Zusammenhang zwischen Ergebnis- und Beurteilungsgrößen.

Tabelle 6: Zusammenhang zwischen Ergebnis- und Beurteilungsgrößen

Beurteilungsgrößen	Ergebnisgrößen	
Systemkonzept	Ausbaufähigkeit	
	Verfügbarkeit	
Leistungsfähigkeit des Anbieters	Wartung	Hardware
	Lieferzeit	
	Erfahrung Grafik	
Hardware	Bewertung Einzelkomponenten	
	Arbeitsplatzgestaltung	
	Besondere Anforderungen, Klima, Stromversorgung	
Software	Vorhandene -	Grundsoftware
	Konzepte für fehlende -	Anwendersoftware
Bedienbarkeit	Zentralsystem	
	Interaktiver Arbeitsplatz	

Quelle: HOFFMEISTER, 2008, S. 282

Die festgelegten Ergebnisgrößen sind jedoch ohne die genaue Definition ihrer Zielkriterien nicht aussagekräftig. Es ist also notwendig, jeder Ergebnisgröße ein Zielkriterium anhand eines Skalenniveaus zuzuordnen, um den Grad der Erfüllung später analysieren zu können. Dieser Wert kann auch aus Zielwert bezeichnet werden.

Mit der Auswahl des Skalenniveaus werden Ausprägungsgrad und Ausmaß der Vergleichbarkeit von Alternativen festgelegt. Die Nominalskala ist das niedrigste Skalenniveau und legt fest, ob Gleichheit oder Ungleichheit eines Merkmals besteht oder nicht (z.B.

virtualisierbar ja oder nein). Eine Analyse innerhalb dieses Skalenniveaus ist einfach durchzuführen, jedoch aufgrund der nur eingeschränkten Aussagekraft eher einer Vorauswahl vorbehalten (vgl. HEINRICH und STELZER, 2009, S. 382). Bei der Ordinalskala wird durch Bildung einer Rangfolge eine Bewertung der Alternativen vorgenommen. Die Alternativen werden eingeordnet, ob sie kleiner oder größer der Handlungsalternative sind oder ihr entsprechen. Die Differenz zwischen den Zielkriterien bleibt dabei unberücksichtigt, dennoch sind sie aussagekräftiger als die Nominalskalen. Rechenoperationen innerhalb dieses Skalenniveaus sind nicht zulässig.

Tabelle 7: Ordinalskala

Bewertung/ Zielwert **Ergebnisgröße**	**gut = 3**	**mittel=2**	**schlecht= 1**
Betriebssystemfunktionalitäten	Gut	Mittel	Schlecht
Stromverbrauch	< 5 Watt	> 5 Watt	> 20 Watt
Garantie	>= 5 Jahre	>=3 Jahre	>= 1 Jahr

Quelle: vgl. HOFFMEISTER, 2008, S. 286

Mit Hilfe der Kardinalskala kann eine quantitative Messung erfolgen. Rechenoperationen sind zulässig, dadurch können Differenzen und Summen miteinander verglichen werden. Vorteilhaft ist der hohe Informationsgehalt, der sich aus diesem Skalenniveau ergibt, problematisch ist jedoch die Durchführung einer quantitativen Messung bei qualitativ vorliegenden Faktoren (vgl. HEINRICH und STELZER, 2009, S. 383).

Neben der Bestimmung der Ergebnisgrößen und der Definition ihrer Ziele ist die subjektive Ermittlung der Gewichtung der Beurteilungs- und Ergebnisgrößen von entscheidender Bedeutung. Die Recheneinheit der Gewichtungen wird in Prozentsätzen angegeben und muss sich auf 100% summieren. Anhand eines Zielbaums können die jeweiligen Gewichtungen pro

Hierarchieebene eingetragen und zur späteren Berechnung der Gewichtungsfaktoren genutzt werden.

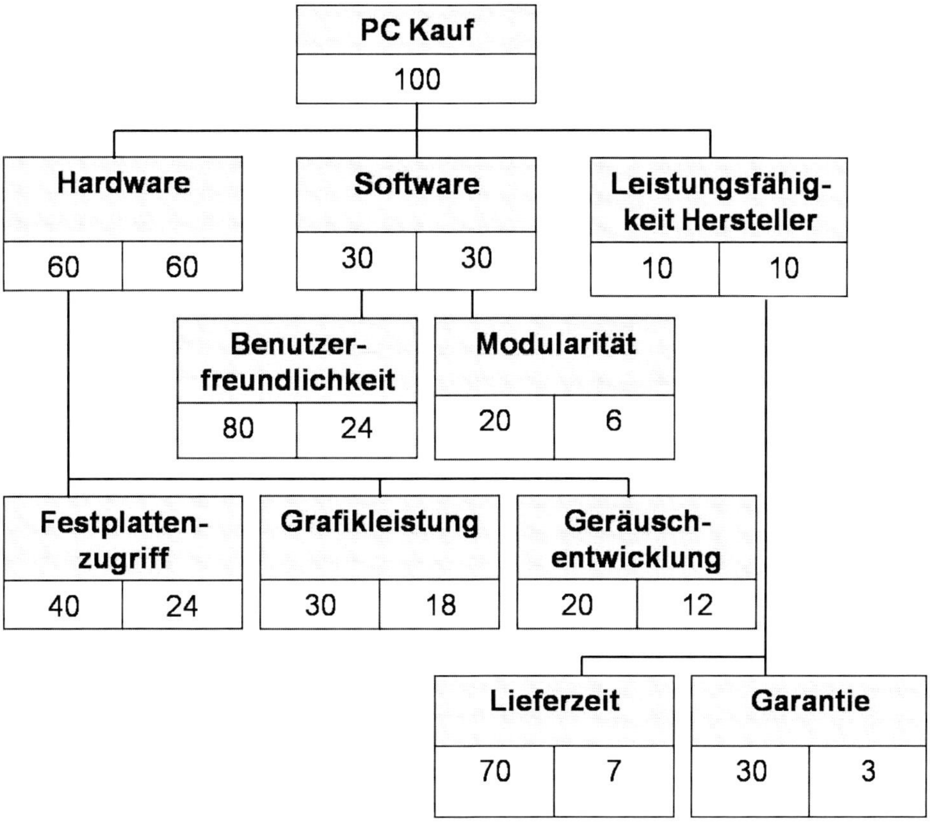

Abbildung 21: Zielbaum mit gewichteten Zielkriterien

Quelle: vgl. HOFFMEISTER, 2008, S. 295

Der Zielbaum ist trivial aufgebaut. Ausgehend vom Vorhaben, welches die zu verteilenden 100% darstellt, werden die Beurteilungsgrößen gewichtet und aus ihnen die Ergebnisgrößen gebildet. Die Verfeinerung soll an dieser Stelle auf der zweiten Größe abgebrochen werden, da dies zur Veranschaulichung ausreichend ist. Die bei Beurteilungs- und Ergebnisgrößen links stehende Zahl gibt den Anteil an dem darüber liegenden Element an, die rechte Zahl den Anteil am Gesamtvorhaben. Die Berechnung erfolgt durch die Multiplikation der linken Seiten geteilt durch die jeweilige, der Ebene entsprechende, 10er Potenz. So lautet die Berechnung für den Festplattenzugriff z.B.: Festplattenzugriff-Gewichtungsfaktor: (60 * 40)

÷ 100 (da zweite Ebene, also 10^2) = 24. Auf der dritten Ebene muss das ermittelte Produkt somit durch 10^3 (also 1.000) geteilt werden.

Tabelle 8: Beispiel Bewertungsschema

Beurteilungsgrößen	Ergebnisgrößen		Gewichtung		
Systemkonzept	Ausbaufähigkeit		30	30	9
	Verfügbarkeit			70	21
Leistungsfähigkeit des Anbieters	Wartung	Hardware	10	30	3
		Software		20	2
	Lieferzeit			20	2
	Erfahrung Grafik			30	3
Hardware	Bewertung Einzelkomponenten		10	30	3
	Arbeitsplatzgestaltung			50	5
	Besondere Anforderung, Klima, Stromversorgung			20	2
Software	Vorhandene -	Grundsoftware	20	30	6
		Anwendersoftware		30	6
	Konzepte für fehlende -			40	8
Bedienbarkeit	Zentralsystem		30	30	9
	Interaktiver Arbeitsplatz			70	21

Quelle: vgl. HOFFMEISTER, 2008, S. 296

Die Berechnung des Teilnutzwertes ergibt sich nun durch Multiplikation des jeweiligen Gewichtungsfaktors mit dem dazugehörigen Zielwert, z.B. am Teilnutzwert der Garantie: Zielwert = 5 * Gewichtung = 3 →Teilnutzwert = 15.

Durch die Addition der Teilnutzwerte einer Alternative wird der zugehörige Gesamtnutzen ermittelt. Die Alternative mit dem höchsten Gesamtnutzen ist den Handlungsalternativen bei nichtmonetärer Betrachtung vorzuziehen. Die Nutzwertanalyse zeichnet sich durch ihre universelle Anwendbarkeit und ihre leicht verständliche Aussagekraft anhand des Gesamtnutzwertes aus, jedoch hat sie aufgrund ihrer subjektiven Gewichtungsfaktoren keine Möglichkeit der Generalisierung. Problematisch ist das Verfahren, sobald mehrere Personen an einer Analyse beteiligt sind. Das Konfliktpotential bezogen auf Zielsetzung und Gewichtung stellt hier eines der größten Probleme dar.

5.3.2.2 Analyse am Beispiel

Zur NWA der BANK AG wird das analytische Bewertungsverfahren mittels Ordinalskala gewählt. Die gängigere Kardinalskala kann aufgrund der Komplexität der Alternativen hier nicht angewendet werden. Die notwendigen Vorüberlegungen zur Ermittlung der Handlungsalternativen entfallen, da laut Annahme bereits zwei Lösungen als Alternativen ausgewählt wurden. Aus der technischen Gegenüberstellung und den Diskussionen der Mitarbeiter in einem Ausschussgremium wurden sowohl die zu analysierenden Ergebnisgrößen als auch deren Zielwerte für beide Handlungsalternativen ermittelt. Bei der Zielwertbestimmung wird ein umgekehrtes Notensystem verwendet. Die Note sechs stellt hierbei eine sehr gute Bewertung der Bewertungsgröße dar.

Zur Durchführung der NWA benötigt die BANK AG neben den ermittelten Zielwerten die Gewichtungsfaktoren der Ergebnisgrößen. Aufgrund der Projekterfahrung und den daraus resultierten Einsparungen und Verbesserungen gilt das Hauptaugenmerk der BANK AG der Ressourcenoptimierung. Die größten Vorteilte sieht die Bank in der Reduzierung des Hardwarebedarfs sowie der damit verbundenen Minderung von Stromverbrauch und Platzbedarf. Das Entkoppeln des Benutzerdesktops vom Endgerät und die damit in Verbindung stehende Flexibilität und Skalierbarkeit rangiert in der Gewichtung der BANK AG noch vor den Sicherheitsaspekten, die mit 20% den geringsten Anteil an der Gesamtverteilung haben.

Tabelle 9: Ordinalskalierte Zielwertmatrix der BANK AG

Handlungsalternative / Ergebnisgröße	MDV	MRDS
Effizienzsteigerung	4	6
Stabilität	6	4
Hardwarebedarf	4	6
Green-IT	4	6
Netzwerkoptimierung	4	5
Flexibilität	5	2
Skalierbarkeit	5	4
Informationssicherheit	5	4
Virenschutz	4	5

Quelle: eigene Daten

Zielwerte: 6 = sehr gut, 5 = gut, 4 = befriedigend, 3 = ausreichend, 2 = mangelhaft, 1 = ungenügend

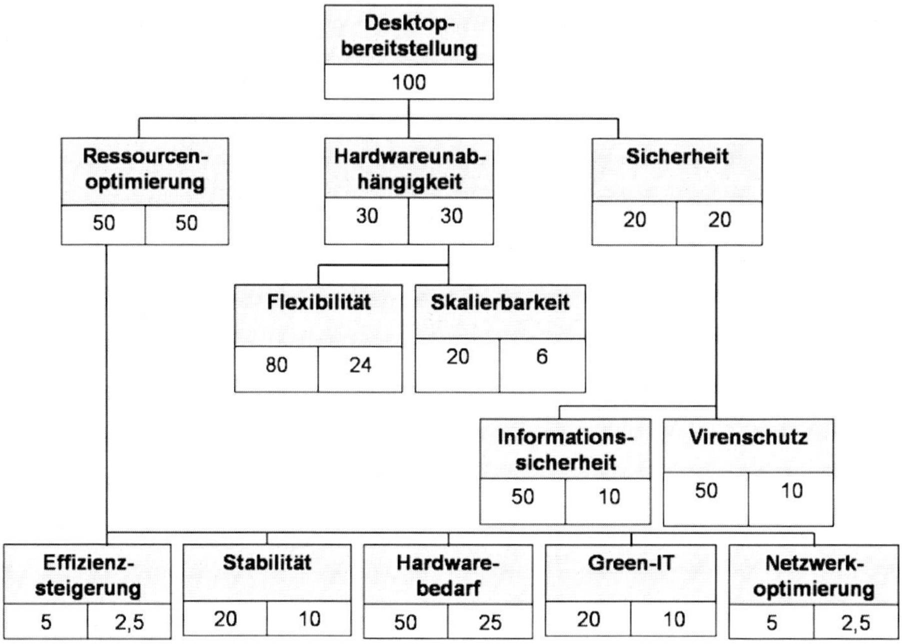

Abbildung 22: Zielbaum BANK AG

Quelle: vgl. HOFFMEISTER, 2008, S. 295 – eigene Daten

Der vom Ausschussgremium erstellte Zielbaum mit den gewichteten Ergebnisgrößen zeigt die zur Ermittlung des Teilnutzens notwendigen Einzelgewichtungen.

Mit Hilfe der nun vorliegenden Zielwerte (ZW) und Gewichtungsfaktoren (GF) lassen sich die Teilnutzen (TN) der Ergebnisgrößen durch Multiplikation sowie die Gesamtnutzen (GN) durch die Addition der Teilnutzen der beiden Produkte ermitteln.

Tabelle 10: Rechnung und Ergebnis der Nutzwertanalyse

			MDV		MRDS	
Beurteilungsgröße	**Entscheidungsgröße**	**GF**	**ZW**	**TN**	**ZW**	**TN**
Ressourcenoptimierung	Effizienzsteigerung	2,5	4	10	6	15
	Stabilität	10	6	60	4	40
	Hardwarebedarf	25	4	100	6	150
	Green-IT	10	4	40	6	60
	Netzwerkoptimierung	2,5	4	10	5	12,5
Hardwareunabhängigkeit	Flexibilität	24	5	120	2	48
	Skalierbarkeit	6	5	30	4	24
Sicherheit	Informationssicherheit	10	5	50	4	40
	Virenschutz	10	4	40	5	50
	Gesamtnutzen			**460**		**439,5**
	Rang		**1**		**2**	

Quelle: vgl. HOFFMEISTER, 2008, S. 305 – eigene Daten

Nach der Nutzwertanalyse bietet die Microsoft Desktop Virtualization für die BANK AG die beste Handlungsalternative vor den Microsoft Remote Desktop Services.

5.4 Ergebnis und kritische Würdigung

Der technische Vergleich zeigt der BANK AG auf, dass die Microsoft Desktop Virtualization eine zum PC äquivalente Flexibilität ermöglicht. Zugleich kann auf die Bedürfnisse der einzelnen Anwender in Form von Ressourcenzuteilung besser reagiert werden. Jedoch führt die Virtualisierung der Arbeitsplätze nicht zur erhofften Reduzierung an Administrationsaufwand. Die Microsoft Remote Desktop Services ermöglichen mit niedrigem Hardware- und geringem Administrationsaufwand die Bereitstellung des Benutzerarbeitsplatzes. Aufgrund der Tatsache, dass die Bank nur 10 Anwendungen bereitstellen muss, kann das Manko der Stabilität vernachlässigt werden, da die IT-Abteilung durch die Zeiteinsparung der Administration mehr Zeit für ausgiebige Anwendungstests hat. Dem hohen Sicherheitsanspruch von Finanzinstituten nach BaFin und KWG werden beide Lösungen gerecht. Aus diesem Grund würde sich die BANK AG zum jetzigen Zeitpunkt aus technischer Sicht für die Microsoft Remote Desktop Services entscheiden.

Nach durchgeführter TCO- und Nutzwertanalyse ergibt sich für die BANK AG folgende Situation: bei rein monetärer Betrachtung stellt die Lösung der Microsoft Remote Desktop Services mit einem Betrag von 284,79€ pro Benutzer die kostengünstigste Alternative dar. Durch die Nutzwertanalyse ergibt sich jedoch eine andere Situation. Die Alternative mit dem größten Gesamtnutzen liegt bei der Microsoft Desktop Virtualization. Bei zwei konträren Ergebnissen empfiehlt es sich, weitere Bewertungsverfahren wie beispielsweise eine Return-on-Investment Anlayse oder die Balanced Score Card hinzuzufügen. Die sich aus der TCO ergebenden Best Practices und Kosteneinsparpotenziale können ebenfalls in eine erneute Kostenrechnung mit einbezogen werden. Der geringere Ressourcenbedarf der MRDS bedeutet ca. 1/7 weniger Serverhardwarekosten. Darüber hinaus sind die Lizenzkosten für die MDV mehr als doppelt so hoch. Da diese zudem angemietet und nicht gekauft werden, fallen hierbei jährliche Kosten an, welche noch nicht für die Zeit nach dem gewählten Nutzungszeitraum von 3 Jahren berücksichtigt wurden. Diese beiden Faktoren führen letztendlich dazu, dass die Lösung der Microsoft Desktop Virtualization allein im Betrachtungszeitraum etwa dreimal so hohe Kosten wie die Microsoft Remote Desktop Services verursacht. Ein deutlicher Schwachpunkt der Vergleichsrechnung liegt in den hierbei nicht genau bezifferten Kosten für Administration und Operation sowie den indirekten Kosten für Enduser-Operations und Downtime.

Da der technische Vergleich ergeben hat, dass die Hardwareunabhängigkeit und die damit verbundene Flexibilität der MDV für die Anforderungen der BANK AG zwar wünschenswert, aber nicht erforderlich sind und die Kostenvorteile klar auf Seiten der Microsoft Remote Desktop Services liegen, entscheidet sich die BANK AG trotz Ergebnis der Nutzwertanalyse für diese Einsatzlösung.

Zusammenfassend bestätigt sich eine praxisbekannte Problematik: der Trend zur Desktopvirtualisierung geht momentan noch zu Lasten der Kosten. Flexibilität wird relativ gesehen durch Virtualisierung der Arbeitsplätze immer günstiger, absolut bedeutet sie aber bei der MDV im Vergleich zu den MRDS jedoch immer noch einen deutlich höheren Kostenaufwand.

6 Zusammenfassung und Ausblick

In diesem Buch wurden neben den Grundlagen der Virtualisierung und deren technischer Umsetzung auf x86 basierter Hardware die Motive für ihren Einsatz erarbeitet und ihre rechtlichen Voraussetzungen dargestellt. Darüber hinaus wurde ein Überblick über die Architekturen und Funktionsweisen der am Markt befindlichen Produkte der Hersteller VMware, Citrix und Microsoft gegeben. Durch die Gegenüberstellung zweier Microsoft Lösungen, zum einen aus dem Bereich der Betriebssystem- (Desktop)virtualisierung und zum anderen aus dem Bereich der Präsentationsvirtualisierung (Terminalserver), konnten technische und ökonomische Besonderheiten herausgearbeitet werden.

Grundsätzlich wurde bei der Bearbeitung des Themas davon ausgegangen, dass die Vorteile der Virtualisierung in der Literatur unumstritten sind. Dennoch konnte aufgezeigt werden, dass bei den unterschiedlichen Techniken, die zur Virtualisierung des Arbeitsplatzes momentan zur Verfügung stehen, zum Teil gravierende Unterschiede im Kosten/Nutzen Bereich und in der Technik bestehen. Bedingt hierdurch liegen die Vorteile aktuell auf Seiten der Präsentationsvirtualisierung, die sich in den letzten Jahren erfolgreich auf dem Markt etabliert hat. Die größte Flexibilität jedoch bietet die Betriebssystemvirtualisierung, daher wird dieser Technologie auch das größte Entwicklungspotenzial für die nächsten Jahre vorausgesagt. Dennoch zeigt ein Vergleich der monetären Faktoren, dass diese Flexibilität momentan noch teuer eingekauft werden muss.

Wie bei jeder noch relativ jungen Technologie gibt es im Bereich der Desktopvirtualisierung noch Bedarf und Möglichkeiten für Verbesserungen. Einen Ansatz hierfür stellen die sogenannten integrativen Lizenzmodelle dar. Microsoft hat RDS Lizenzen in die VDI Suite eingegliedert und vollzieht ebenso wie Citrix mit der XenDesktop 4 Lizenz eine Vereinheitlichung für die Bereitstellung von virtuellen Benutzerdesktops (vgl. CITRIX SYSTEMS INC., 2009c). Die Lizenzmodelle für beide Virtualisierungstechnologien werden hierbei erstmals in einer Lizenz zusammengefasst.

Ein anderes Konzept wird derzeit von den Firmen Intel und Citrix durch die Optimierung und Erweiterung des Xen Hypervisors für Endgeräte-Prozessoren verfolgt. Dieser ermöglicht den Betrieb von virtuellen Maschinen direkt auf der Hardware des Endgerätes ohne hardwarespezifische Anpassungen am Betriebssystem durchführen zu müssen.

Da Wartungs- und Administrationskosten oftmals 80% des IT-Budgets betragen (vgl. GADATSCH und MAYER, 2005, S. 272), liegen weitere große Einsparpotenziale zukünftig in der Automatisierung bei der Bereitstellung von virtuellen Arbeitsplätzen.

Ein Ende der Weiterentwicklung der Virtualisierungstechniken ist nicht absehbar. Gemäß Gartner wird ein Anstieg des weltweiten Marktes für die Desktopvirtualisierung bis zum Jahr 2013 von aktuell 500.000 auf 49 Millionen Einheiten erwartet (vgl. HÄUSSLER, 2009b).

7 Literaturverzeichnis

AHNERT, S.: Virtuelle Maschinen mit VMware und Microsoft. 3. Auflage, Addison-Wesley Longman Verlag, München 2009.

AZAD, T. B.: Securing Citrix XenApp Server in the Enterprise. Syngress Publishing, Burlington 2008.

BODDENBERG, U. B.: Microsoft-Netzwerke – Konzepte & Lösungen. 1. Auflage, Galileo Press, Bonn 2005.

BRAUSE, R.: Betriebssysteme: Grundlagen und Konzepte. 3. Auflage, Springer Verlag, Berlin 2003.

BUHL, H. U., und WINTER, R.: Vollvirtualisierung – Beitrag der Wirtschaftsinformatik zu einer Vision. In: Wirtschaftsinformatik, Volume 51, Number 2, S. 157-160, Wiesbaden 2009, Gabler Verlag.

BUNDESAMT FÜR SICHERHEIT IN DER INFORMATIONSTECHNIK: IT-Grundschutz-Kataloge. Stand 10. Ergänzungslieferung, Bonn 2009.
https://www.bsi.bund.de/cln_164/DE/Themen/weitereThemen /ITGrundschutzKataloge/itgrundschutzkataloge_node.html
besucht am 30.11.2009.

BUNDESANSTALT FÜR FINANZDIENSTLEISTUNGSAUFSICHT: Mindestanforderungen an das Risikomanagement – MaRisk. In: Rundschreiben 15/2009(BA) vom 14.08.2009. Bonn 2009.
http://www.bundesbank.de/download/bankenaufsicht/pdf/marisk /090814_rs.pdf
besucht am 30.11.2009.

BUNDESMINISTERIUM DER JUSTIZ: Handelsgesetzbuch, Berlin 2009a.
http://bundesrecht.juris.de/bundesrecht/hgb/gesamt.pdf
besucht am 04.12.2009.

BUNDESMINISTERIUM DER JUSTIZ: Bundesdatenschutzgesetz, Berlin 2009b.
http://bundesrecht.juris.de/bundesrecht/bdsg_1990/gesamt.pdf
besucht am 04.12.2009.

BUNDESMINISTERIUM DER JUSTIZ: Telemediengesetz, Berlin 2009c.
http://bundesrecht.juris.de/bundesrecht/tmg/gesamt.pdf
besucht am 04.12.2009.

BUNDESMINISTERIUM DER JUSTIZ: Telekommunikationsgesetz, Berlin 2009d.

http://bundesrecht.juris.de/bundesrecht/tkg_2004/gesamt.pdf
besucht am 04.12.2009.

BUNDESMINISTERIUM DER JUSTIZ: Gesetz über das Kreditwesen, Berlin 2009e.
http://bundesrecht.juris.de/bundesrecht/kredwg/gesamt.pdf
besucht am 04.12.2009.

BUYTAERT, K., u.a.: The Best Damn Server Virtualization Book Period. Syngress Publishing, Burlington 2007.

CHAPPELL, D.: Virtualization for Windows: A Technology Overview. Microsoft Corporation, 2008.
http://download.microsoft.com/download/e/0/c/e0cf764d-c4b5-4681-a262-dd0e9fe416af/MSVirtualizationOverview.docx
besucht am 04.12.2009.

CITRIX PRODUCT DEVELOPMENT TEAM: Citrix XenApp Platinum Edition Advanced Concepts: The Official Guide. McGraw-Hill, 2008.

CITRIX SYSTEMS INC.: Citrix to Enter Server and Desktop Virtualization Markets with Acquisition of XenSource – Press release (15.08.2007), Fort Lauderdale 2007.
http://www.citrix.com/English/NE/news/news.asp?newsID=680808
besucht am 04.12.2009.

CITRIX SYSTEMS INC.: Citrix Historical Retrospective - 1989-2008, 2008a.
http://www.citrix.com/site/resources/dynamic/mediaResources/Citrix_History_Retrospective_32008.pdf
besucht am 04.12.2009.

CITRIX SYSTEMS INC.: Partner and Customer Toolkit – XenDesktop 2.0 – Pilot Reference Architecture (CTX117936), 2008b.
http://support.citrix.com/servlet/KbServlet/download/17436-102-18655/XD%20-%202.0%20-%20Pilot%20Reference%20Architecture.pdf
besucht am 04.12.2009.

CITRIX SYSTEMS INC.: IT, Simplified, 2009a.
http://www.citrix.com/site/resources/dynamic/mediaResources/CitrixBrochure.pdf
besucht am 04.12.2009.

CITRIX SYSTEMS INC.: XenDesktop – Design Handbook (CTX120760). 2009b.
http://support.citrix.com/servlet/KbServlet/download/19754-102-376939/XD%20-%20Design%20Handbook.pdf
besucht am 04.12.2009.

CITRIX SYSTEMS INC.: Farmtechnologie und – konzepte, 2009c.

http://support.citrix.com/proddocs/topic/xenapp5fp-w2k8/ps-planning-farm-concepts-v2.html
besucht am 04.12.2009.

CITRIX SYSTEMS INC.: Citrix revolutioniert Desktop-Virtualisierung – Erste Lösung dieser Art: XenDesktop 4 stellt jede Form von virtuellem Desktop bereit. Halbergmoos, Oktober 2009d.
http://www.citrix.de/unternehmen/presse/pressemeldungen/2009/10/10_08/
besucht am 04.12.2009.

COMPUTERWOCHE: Return on Investment (RoI)/Kennzahlensysteme und Berechnungsverfahren im Vergleich - RoI und TCO machen die IT-Kosten transparent. In: Computerwoche Nr. 08 vom 22.02.2002, S. 48-49.
http://www.computerwoche.de/heftarchiv/2002/8/1060409/
besucht am 04.12.2009.

DECKER, K. M.: Basel II: günstigere Kredite dank Informationssicherheit und IT Service Management?. In: SecurityManager.de 01/2007.
http://www.securitymanager.de/magazin/artikel_1290.html
besucht am 04.12.2009.

DELL INC.: Dell PowerEdge R710 Rack-Server – Produktdatenblatt, 2008
http://www.dell.com/downloads/global/products/pedge/de/server-poweredge-r710-specs-dede.pdf
besucht am 02.12.2009.

DELL INC.: Dell Online-Shop – PowerEdge R710 Rack-Server, 2009a.
http://premierconfigure.euro.dell.com/dellstore/config.aspx?cs=RC1077931&customer_id=RC1077931&oc=PER710&~tgt=global_cfg&c=DE&l=de&s=PAD
besucht am 02.12.2009.

DELL INC.: Dell Online-Shop – PowerEdge 4220 Rack, 2009b.
http://premierconfigure.euro.dell.com/dellstore/config.aspx?cs=RC1077931&customer_id=RC1077931&oc=PE42201&~tgt=global_cfg&c=DE&l=de&s=PAD
besucht am 02.12.2009.

DREYER, C.: Citrix MetaFrame und Windows Terminal Services. 1. Auflage, mitp-Verlag, Bonn 2002.

DUDEN: Duden das große Fremdwörterbuch. 3. Auflage, Bibliographisches Institut & F.A. Brockhaus AG, Mannheim 2003.

FALK, M., und HOFMANN, M.: Integration des IT-Sicherheitsmanagements in das Risikomanagement im Kontext bankaufsichtsrechtlicher Vorgaben. In: Arbeitspapiere WI, Nr. 06/2006, Hrsg.: Lehrstuhl für Allg. BWL und Wirtschaftsinformatik, Justus-Liebig-Universität, Gießen 2006.

FANDEL, G., u. a.: Kostenrechnung. Springer-Verlag, Berlin 2004.

FISCHER, M.: Xen – Das umfassende Handbuch. 1. Auflage, Galileo Press, Bonn 2009.

GABLER WIRTSCHAFTSLEXIKON: Stichwort Betriebssystem. Gabler Verlag , 2009a. http://wirtschaftslexikon.gabler.de/Archiv/74941/betriebssystem-bs-v4.html besucht am 04.12.2009.

GABLER WIRTSCHAFTSLEXIKON: Stichwort Total Cost of Ownership. Gabler Verlag, 2009b. http://wirtschaftslexikon.gabler.de/Archiv/16735/total-cost-of-ownership-v5.html besucht am 04.12.2009.

GABLER WIRTSCHAFTSLEXIKON: Stichwort Nutzen. Gabler Verlag , 2009c. http://wirtschaftslexikon.gabler.de/Archiv/2440/nutzen-v7.html besucht am 04.12.2009.

GADATSCH, A., und MAYER, E.: Masterkurs IT-Controlling. 2. Auflage, Friedr. Vieweg & Sohn Verlag/GWV Fachverlage, Wiesbaden 2005.

GARTNER: TCO Analyst: A White Paper on GartnerGroup's Next Generation Total Cost of Ownership Methodology. 1997. http://www.smartflextech.com/downloads /white-papers/TCO_analyst.pdf besucht am 04.12.2009.

GARTNER: TCO Model Distributed Computing: Chart of Accounts. 2003a. http://www.gartner.com/4_decision_tools/modeling_tools/costcat.pdf besucht am 04.12.2009.

GARTNER: TCO Model Distributed Computing: Total Cost of Ownership Distributed Computing Assessment – TCO Survey. 2001. http://www.gartner.com/4_decision_tools/modeling_tools/Q_TCO.pdf besucht am 06.12.2009.

GOLDBERG, R. P., und POPEK, G. J.: Formal Requirements for Virtualizable Third Generation Architectures. In: Association for Computing Machinery, Volume 17, Number 7, 1974.

GROB, H. L., und LAHME, N.: Total Cost of Ownership-Analyse mit VOFI. In: Arbeitsberichte Computergestützes Controlling Nr. 20, Hrsg.: Prof. Heinz Lothar Grob, Institut für Wirtschaftsinformatik, Westfälische Wilhelms-Universität Münster, Münster 2004.

GROTEGUT, M.: Windows Vista. Springer-Verlag, Berlin 2008.

HÄUSSLER, O.: Hosted Virtual Desktops im Gartner-Cycle – Der Hype war gestern. In: Computerwoche 06.10.2009a.

http://www.computerwoche.de/management/it-strategie/1907271/
besucht am 05.12.2009.

HÄUSSLER, O.: Desktop-Virtualisierung – Anwender noch zurückhaltend. In: COI 27.11.2009b.
http://www.cio.de/dynamicit/aktuelles/2216249/
besucht am 05.12.2009.

HEINRICH, L. J., und LEHNER, F.: Informationsmanagement. 8. Auflage, Oldenburg Wissenschaftsverlag, München 2005.

HEINRICH, L. J., STELZER, D.: Informationsmanagement – Grundlagen, Aufgaben, Methoden. 9. Auflage, Oldenburg Wissenschaftsverlag, München 2009.

HEROLD, H.: Linux/Unix – Grundlagen - Kommandos und Konzepte. 5. Auflage, Addison-Wesley, München 2003.

HOFFMEISTER, W.: Investitionsrechnung und Nutzwertanalyse: 2. Auflage, Berliner Wirtschafts-Verlag, Berlin 2008.

HOOVER, J., und TOOLEY, S.: The Real Citrix CCA Exam Preparation Kit: Prepare for XenApp 5.0. Syngress Publishing, Burlington 2009.

IBM CORP.: IBM System Virtualization. Version 2, Release 1, 2005.
http://publib.boulder.ibm.com/infocenter/eserver/v1r2/topic/eicay/eicay.pdf
besucht am 04.12.2009.

KELBLEY, J. u.a.: Windows Server 2008 Hyper-V: Insider Guide to Microsoft's Hypervisor. Wiley Publishing, 2009.

KOLACKI, A.(HRSG.), und DRIEGER, H.: VM/CMS – Virtuelle Maschinen – Praxis und Faszination eines Betriebssystems. Vieweg Verlag, Braunschweig 1991.

LARISCH, D.: Citrix Presentation Server - Grundlagen und Profiwissen: Installation, Konfiguration und Administration eines Citrix-Terminalservers für Windows. Hanser Fachbuchverlag, München 2005.

LIEBISCH, D.: Desktop-Virtualisierung. In: Green-IT, Virtualisierung und Thin Clients: Mit neuen IT-Technologien Energieeffizienz erreichen, die Umwelt schonen und Kosten sparen, Frank Lampe (Hrsg.), Vieweg+Teubner, Wiesbaden 2009.

LOWE, S.: Mastering VMware vSphere 4. Wiley Publishing, Indianapolis 2009.

LÜDEMANN, N.: Desktopvirtualisierung mit Citrix XenDesktop – Desktop aus der Steckdose. IT-Administrator - Sonderheft II 2009, Heinemann Verlag, S. 112-117, München 2009.

MADDEN, B. S., und OGLESBY, R.: Terminal Services for Microsoft Windows Server 2003: Advanced Technical Design Guide. Brianmadden.Com Pub Group, 2004.

MANHART, K.: Neuer Baustein „Virtualisierung". In: CIO, 03.12.2009.
http://www.cio.de/dynamicit/aktuelles/2216640/
besucht am 05.12.2009.

MATTHEWS, J. N. u.a.: Running Xen – A Hands-On Guide to the Art of Virtualization. Person Education, Boston 2008.

MATTHEWS, M.: Windows Server 2008 – A Beginner's Guide. McGraw-Hill, 2008.

MICROSOFT CORPORATION: Windows Server 2008 R2 Hyper-V Technical Overview Presentation. 2007.
http://download.microsoft.com/download/5/B/D
/5BD5C253-4259-428B-A3E4-1F9C3D803074
/WS08%20R2%20Hyper-V%20Technical%20Overview_R2.pptx
besucht am 04.12.2009.

MICROSOFT CORPORATION: Microsoft Hyper-V Technologie, 2008a.
http://www.microsoft.com/germany/server/virtualisierung/hyper-v.mspx
besucht am 04.12.2009.

MICROSOFT CORPORATION: VECD Licensing. 2008b.
http://download.microsoft.com/download/D/3/B
/D3BDC684-7A7A-4847-9A8C-4A4C8907C38E
/VECD_Licensing_Guide_English_090208.pdf
besucht am 04.12.2009.

MICROSOFT CORPORATION: Windows Server 2008 Remote Desktop Services. 2008c.
http://download.microsoft.com/download/6/9/3
/6933B3E1-A550-4584-91E5-AF58727E670B
/WindowsServer2008TerminalServicesRenamed.docx
besucht am 04.12.2009.

MICROSOFT CORPORATION: Facts about Microsoft. 2009a.
http://www.microsoft.com/presspass/inside_ms.mspx
besucht am 04.12.2009.

MICROSOFT CORPORATION: Informationen zur Lizenzierung von Windows Server 2008 R2. 2009b.
http://www.microsoft.com/germany/windowsserver2008
/r2-lizenzierung.mspx
besucht am 04.12.2009.

MICROSOFT CORPORATION: Server Core Installation Option Getting Started Guide - What is Server Core installation?. Microsoft TechNet, 2009c.

http://technet.microsoft.com/en-us/library/cc753802(WS.10).aspx
besucht am 04.12.2009.

MICROSOFT CORPORATION: Systemanforderungen – Hyper-V, 2009d.
http://www.microsoft.com/germany/server
/hyper-v-server/systemanforderungen.mspx
besucht am 04.12.2009.

MICROSOFT CORPORATION: Hyper-V Architecture. MSDN Library, 2009e.
http://msdn.microsoft.com/en-us/library/cc768520(BTS.10).aspx
besucht am 04.12.2009.

MICROSOFT CORPORATION: Hyper-V-Architektur (Project Server 2007). TechNet, 2009f.
http://technet.microsoft.com/de-de/library/dd630730.aspx
besucht am 04.12.2009.

MICROSOFT CORPORATION: Microsoft System Center Virtual Machine Manager 2008 R2 Reviewer's Guide. 2009g.
http://download.microsoft.com/download/4/E/A/4EADA18E-1854-4E95-91DB-182FB3F66C93
/VMM2008R2%20Reviewers%20Guide%20FINAL%2010%2001%2009.pdf
besucht am 04.12.2009.

MICROSOFT CORPORATION: Remotedesktop-Virtualisierungshost. TechNet, 2009h.
http://technet.microsoft.com/de-de/library/dd560648(WS.10).aspx
besucht am 04.12.2009.

MICROSOFT CORPORATION: Remotedesktop-Verbindungsbroker. Technet, 2009i.
http://technet.microsoft.com/de-de/library/dd560675(WS.10).aspx
besucht am 04.12.2009.

MICROSOFT CORPORATION: Microsoft System Center Virtual Machine Manager – Produktübersicht, 2009j.
http://www.microsoft.com/germany/systemcenter/scvmm/uebersicht.mspx
besucht am 04.12.2009.

MICROSOFT CORPORATION: Windows 7: System Requirements. 2009k.
http://www.microsoft.com/windows/windows-7/get
/system-requirements.aspx
besucht am 04.12.2009.

MICROSOFT CORPORATION: Licensing Microsoft for virtual environments. 2009l.
http://www.microsoft.com/windows/enterprise/solutions/virtualization
/licensing.aspx
besucht am 04.12.2009.

MICROSOFT CORPORATION: Windows Server Virtualization Calculators – Calculator 1. 2009m.
http://www.microsoft.com/windowsserver2008/en/us/hyperv-calculators.aspx
besucht am 04.12.2009.

MICROSOFT CORPORATION: Microsoft Integrated Virtualization Calculator – Appendix C: Questionaire and Detailed Assumptions. 2009n.
https://roianalyst.alinean.com/msft/AutoLogin.do?d=307025591178580657
besucht am 04.12.2009.

MICROSOFT CORPORATION: Windows Server 2008 R2 System Requirements. 2009o.
http://www.microsoft.com/windowsserver2008/en/us
/system-requirements.aspx
besucht am 04.12.2009.

PARZIALE, L., u.a.: Introducing to the New Mainframe: z/VM Basics. IBM Corp., November 2007.
http://www.redbooks.ibm.com/redbooks/pdfs/sg247316.pdf
besucht am 04.12.2009.

PICHT, H.-J.: XEN Kochbuch. 1. Auflage, O'Reilly Verlag,Köln 2009.

PIETSCH, T.: Bewertung von Informations- und Kommunikationssystemen. Ein Vergleich betriebswirtschaftlicher Verfahren. 2. Auflage, Schmitt (Erich), Berlin 2003.

Pratt, I. A., u.a.: Xen and the Art of Virtualization. ACM SIGOPS Operating, Volume 37 Issue 5, Systems Review, SOSP '03, S: 164 – 177, 2003a.
http://portal.acm.org/ft_gateway.cfm?id=945462&type=pdf&coll=GUIDE&dl=GUIDE&CFID=66604670&CFTOKEN=52304773
besucht am 04.12.2009.

PRATT, I. A., u.a.: The XenoServer computing infrastructure. Technical Report Number 552, University of Cambridge Computer Laboratory, Cambridge 2003b.

RADONIC, A., und MEYER, F.: XEN 3. Franzis Verlag, Poing 2006.

RUEST, D., und RUEST, N.: Virtualization: A Beginner's Guide. McGraw-Hill, 2009.

RUNGE, R., u.a.: VMware Infrastructure 3 im Business-Umfeld: Virtualisierung von mittleren und großen Umgebungen mit VMware ESX 3.5 und ESXi 3.5. 1. Auflage, Addison-Wesley Verlag, München 2009.

SCHÄFER, C.: Servervirtualisierung mit Microsoft Hyper-V – Der Neue. IT-Administrator - Sonderheft II 2009, Heinemann Verlag, S. 46-60, München 2009.

SCHIERENBECK, H., und WÖHLE, C. B.: Grundzüge der Betriebswirtschaftslehre: Studienausgabe. 17. Auflage, Oldenburg, 2008.

SCHNEIDER, U., und WERNER, D.: Taschenbuch der Informatik. 6. Auflage, Carl Hanser Verlag, München 2007.

SCHULZE, J.: TCO: Monster oder Sparschwein?. In: Computerwoche Nr. 14, S.32-33, 2002.

SOSINSKY, B.: Microsoft Server 2008: Implementation and Administration. Wiley Publishing, Indianapolis 2008.

STAHLKNECHT, P., und HASENKAMP, U.: Einführung in die Wirtschaftsinformatik. 11. Auflage, Springer Verlag, Berlin 2005.

SUGERMAN, J., u.a.: Virtualizing I/O Devices on VMware Workstations's Hosted Virtual Machine Monitor. In: Proceedings of the 2001 USENIX Annual Technical Conference, USENIX Association, Boston 2001.
http://www.usenix.org/event/usenix01/sugerman/sugerman.pdf
besucht am 04.12.2009.

TANENBAUM, A. S.: Moderne Betriebssysteme. 3. Auflage, Pearson Studium, München 2009.

TREBER, U., u.a.: Total Cost of Ownership – Stand der Entwicklungstendenzen 2003. In: Arbeitspapiere WI, Nr. 01/2004, Hrsg.: Professur BWL – Wirtschaftsinformatik, Justus-Liebig-Universität, Gießen 2004.

TRITSCH, B.: Windows Server 2003 Terminaldienste. Microsoft Press, Unterschleißheim 2003.

VEITH, W.: Hat die längste Ausfallzeit: Windows-Server 2003. In: network Computing vom 20.08.2009.
http://www.networkcomputing.de/hat-die-laengste-ausfallzeit-windows-server-2003/
besucht am 05.12.2009.

VMWARE INC.: Understanding Fullvirtualization, Paravirtualization, and Hardware Assist – White Paper, 2007a.
http://www.vmware.com/files/pdf/VMware_paravirtualization.pdf
besucht am 01.12.2009.

VMWARE INC.: VMware View Reference Architecture – A Guide to Large-scale Enterprise VMware View Deployments, 2007b.
http://www.vmware.com/resources/techresources/1084
besucht am 01.12.2009.

VMWARE INC.: VMware Virtualization – TCO/ROI Methodology, 2007c.
http://www.vmware.com/files/pdf/tco_roi_methdology.pdf
besucht am 01.12.2009.

VMWARE INC.: About VMware - Company, 2009a.
http://www.vmware.com/company/
besucht am 04.12.2009.

VMWARE INC.: VMware ESX and ESXi 4.0 Comparison. VMware Knowledge Base, 2009b.
http://kb.vmware.com/kb/1015000
besucht am 04.12.2009.

VMWARE INC.: VMkernel Scheduler. Version 6, , 2009c.
http://communities.vmware.com/docs/DOC-5501
besucht am 04.12.2009.

VMWARE INC.: VMware View 4 – Brochure, 2009d.
http://www.vmware.com/files/pdf/VMware-View-4-DS-EN.pdf
besucht am 04.12.2009.

VMWARE INC.: VMware View Composer – Product Datasheet, 2009e.
http://www.vmware.com/files/pdf/VMware-View-4-Composer-DS-EN.pdf
besucht am 04.12.2009.

VMWARE INC.: VMware View Manager 4 – Product Datasheet, 2009f.
http://www.vmware.com/files/pdf/VMware-View-Manager-4-DS-EN.pdf
besucht am 04.12.2009.

VOGEL IT MEDIEN GMBH: Virtual Desktop Infrastructure – Vom Server Based Computing zum virtuellen Desktop. In: Kompendium zur Virtualisierung (2. Quartal), Augsburg 2008.

WENDLER, T.: Modellierung und Bewertung von IT-Kosten. 1. Auflage, Deutscher Universitäts-Verlag, Wiesbaden 2004.

WILD, M., UND HERGES, S.: Total Cost of Ownership (TCO) - Ein Überblick. In: Arbeitspapiere WI, Nr. 01/2000, Hrsg.: Lehrstuhl für Allg. BWL und Wirtschaftsinformatik, Justus-Liebig-Universität, Mainz 2000.

WILLIAMS, R., und WALLA, M.: The Ultimate Windows Server 2003 System Administrator's Guide. Addison-Wesley Longman, Amsterdam 2003.

ZANGEMEISTER, C.: Nutzwertanalyse in der Systemtechnik. Wittemannsche Buchhandlung, München 1976.

Autorenprofil

Tim van Wasen wurde am 20.02.1976 in Essen geboren. Nach Erwerb der allgemeinen Hochschulreife an den Kaufmännischen Schulen Mülheim an der Ruhr ist er seit über 15 Jahren in der Informations- und Kommunikationstechnologiebranche erfolgreich im In- und Ausland tätig. Durch das Studium der Wirtschaftswissenschaften an der Universität Duisburg-Essen sowie an der FernUniversität in Hagen erlangte er dort im Jahre 2009 den akademischen Grad des Diplom Kaufmanns. Die Spezialisierung des Autors auf die Anwendungsbereiche des Server-based-Computing gab den Ausschlag, sich der Problematik dieses Buches zu widmen.